den wäre — es geht ihm gar nicht um dessen Dichtung — nein, man ist sich nur bewußt geworden, daß man seit mehreren Jahrzehnten den Weg verfehlt hat: die Sekundärliteratur hat sich selbst widerlegt und den Dichter aus den Augen verloren.

Einer der wenigen Interpreten Rimbauds, vielleicht sogar der einzige für den Etiemble ein anerkennendes Wort findet, ist Jacques Rivière, und Etiemble trifft sich mit seinem Urteil («un bel essai» [4]) mit HUGO FRIEDRICH, der von Rivières Rimbaudbuch sagt, daß es «noch heute durch kein besseres ersetzt ist» [5]. — Wie kam es zu diesem erstaunlichen Werk, das noch nach fünf Jahrzehnten die Anerkennung der bedeutendsten Forscher Frankreichs und Deutschlands findet? Und wie kommt es, daß man sich gerade heute wieder auf Rivières «Rimbaud» besinnt?

---

4) ETIEMBLE, *Structure du Mythe*, Paris [2] 1962, S. 158.
5) FRIEDRICH, H., *Die Struktur der modernen Lyrik*, Hamburg 1956, S. 71.

II

Da die ersten Ausgaben der Werke Rimbauds entweder unveröffentlicht liegen blieben (wie die Edition von «Une Saison en Enfer» von 1873) oder nur in wenigen Exemplaren erschienen (wie die «Illuminations» von 1873 in einer Auflage von zweihundert Stück), werden seine Vers- und Prosawerke erst zwanzig Jahre nach der Abfassung seines letzten Gedichtes einem breiteren Publikum bekannt[6]. Die erste Welle der Rimbaudrezeption beginnt um 1895 und endet mit dem ersten Weltkrieg. In dieser Zeit entstehen die bis heute einflußreichen Hauptrichtungen der Rimbauddeutung, und Rivière mußte sie von berufswegen kennen: seit 1909 war er Mitarbeiter, später auch Sekretär und endlich Direktor der Nouvelle Revue Française, dem neu gegründeten geistigen Zentrum des literarischen Frankreich. Und hier, aus dem Kreis der Schüler Mallarmés, wurden die extremen Positionen zum Werk Rimbauds geschaffen, welche die Ausmaße des dauernden Streites um das Werk Rimbauds spiegeln.

---

6) RIMBAUD, A., *Poésies complètes, avec préface de Paul Verlaine ...*, Paris (Vanier) 1895; Oeuvres de JEAN-ARTHUR RIMBAUD: *Poésies, Les Illuminations, Autres Illuminations, Une Saison en Enfer ...* Préface de Paterne Berrichon et Ernest Delahaye, Paris (Mercure de France) 1898.

Bevor wir versuchen, die drei wichtigsten Rimbaudbilder darzustellen, aus deren Auseinandersetzung das Werk Rivières entstand, wollen wir einen Blick auf die gleichzeitige Situation in Deutschland werfen: auch hier hatte Rimbaud, bevor er durch seine Dichtung auf die Um- und Nachwelt wirken konnte, durch sein abenteuerliches Leben fasziniert. Wie in Frankreich Guy de Maupassant [7] so nahm sich in Deutschland Stefan Zweig seiner abenteuerlichen Gestalt an [8]. Er schrieb auch die Einleitung zur berühmten Rimbaudübersetzung von K. L. Ammer (1907), die für Georg Trakl ein «literarisches Erweckungserlebnis» wurde und den lyrischen Expressionismus in Deutschland ermöglichte [9]. K. Wais nennt die Übersetzung Rimbauds «das größte lyrische Ereignis überhaupt nach dem Auftreten von George und Rilke» [10] und A. Lernet-Holenia behauptet sogar: «Was man bei uns moderne Lyrik nennt, hat mit K. L. Ammers Übersetzung der Gedichte Arthur Rimbauds begonnen» [11].

---

7) Maupassant, G. de, *La vie errante,* Paris (Ollendorf) 1890.
8) Arthur Rimbaud, *Leben und Dichtung,* übertragen von K. L. Ammer, eingeleitet von Stefan Zweig, Leipzig 1907.
9) Vgl. Grimm, R., *Georg Trakls Verhältnis zu Rimbaud* (in: Germanisch-Romanische Monatsschrift N. F. 9 [1959], S. 288–315) und ders.: *Strukturen,* Göttingen 1963 (Kap.: Ein Wegbereiter), S. 124 ff.
10) Wais, K., *An den Grenzen der Nationalliteraturen,* Berlin 1958, S. 328.
11) Zit. nach R. Grimm, *Strukturen,* a. a. O., S. 144.

In Frankreich fand Rimbaud nie diese einstimmige und uneingeschränkte Begeisterung und Nachahmung. Repräsentativ für das erste Bild, das man von ihm hatte — und großteils immer noch hat — ist ein Artikel MALLARMÉS, den er 1896 für die amerikanische Zeitschrift «The Chap Book» schrieb[12]. Für Mallarmé ist Rimbaud nur durch sein «bedeutsames Schicksal» interessant: «ein in der Geschichte der Literatur einmaliges Abenteuer... eines Kindes, das zu früh, noch vor dem Beginn seiner eigentlichen Existenz von dem Flügel der Literatur gestreift wurde und ein wildes und hohes Schicksal auf sich nahm ohne Hoffnung auf eine Zukunft...»[13].

Ein zu früh erwecktes Kind, eine «perverse und großartige Pubertät», ein «jugendlicher Dämon», ein «Anarchist des Geistes», den nichts in der Geschichte der Literatur vorbereitet hat, und ein Dichter, der — «abgesehen von dem Gestammel seiner letzten Verse» — ein strenger Befolger der klassischen Versregeln war. Mallarmé wendet sich entschieden gegen die Behauptung, Rimbaud habe den ‚vers libre' erfunden; Rimbauds Werk erzielte eine große Wirkung durch den Kontrast zweier Welten: einer Welt, die in die Zeit vor dem Par-

12) MALLARMÉ, ST., *Oeuvres complètes* (= Bibliothèque de la Pléiade), Paris 1961, S. 512–519.
13) MALLARMÉ, a. a. O., S. 518.

nass, vor der Romantik, nämlich in die Klassik gehört, mit der chaotischen Welt einer in der Phantasie des jungen Mannes üppig wuchernden Exotik. Rimbauds «Visionen» sind allein auf ausgiebigen Alkoholgenuß zurückzuführen[14].

Mit gewisser Anteilnahme schildert Mallarmé das Schicksal dieses «passant considérable», doch zur Dichtung Rimbauds stellt er fest: Rimbauds Werk ist ohne jede Wirkung auf die Nachwelt geblieben, wie ein Meteor, der grundlos aufflammt und wieder verlischt[15].

Die Gegenreaktion auf diesen Artikel war selbst bei den vertrautesten Schülern Mallarmés heftig: Claudel schrieb in seinem letzten Brief an Mallarmé, am 26. Juli 1896, daß er sein Urteil mehr als ungerecht finde (später nennt er es «einfach absurd», daß er Rimbaud als Mensch und Dichter alles verdanke und daß er auch über das Werk Rimbauds ausführlicher schreiben werde; Valéry äußert wenig später gegenüber Gide zu dem Aufsatz: «Dieser Tage den Aufsatz Mallarmés über Rimbaud gelesen, den er mir hat übergeben lassen — und der eher abfällig und bösartig ist»[16]. Trotzdem hat sich eine Tradition der Rimbauddeutung à la Mallarmé gebildet (wer die Vorliebe französischer Kritiker für biographische Literaturdeutung kennt, verwundert das

14) Mallarmé, a. a. O., S. 518, 512, 514.
15) Mallarmé, a. a. O., S. 512.
16) A. Gide – P. Valéry, *Correspondance* ... Paris ²1955, S. 283 (1. 1. 1897).

nicht): André Gide, die Dadaisten und Surrealisten und selbst Etiemble haben die von Mallarmé gewiesene Richtung eingeschlagen[17].

Rimbaud — Mystique à l'état sauvage

Claudel, Valéry und später auch Rivière sprechen übereinstimmend von dem «choc» der Begegnung mit den «Illuminations» Rimbauds. Die «intellektuelle Erschütterung» durch das Werk Rimbauds, von der auch Valéry wiederholt spricht, zwingt sie zu immer neuer Auseinandersetzung[18]. In erstaunlicher Übereinstimmung lieben sie es, ihr Leben mit dem Rimbauds zu vergleichen und Parallelen aufzuzeigen, und sie sind sich einig, daß Rimbaud vielleicht als einziger Lyriker des 19. Jahrhunderts etwas «Neues» gefunden hat[19]; doch

17) Wenn man die vielen hundert Seiten der Bücher Etiembles durcharbeitet, so findet man an Positivem über die Dichtung nichts, – was René Char zu der Bemerkung veranlaßte (und sie gilt für die ganze Literatur dieser Richtung zwischen Mallarmé und Etiemble): «diese Faktensammlerei macht keine zwei Regentropfen in der Springflut (des Rimbaud'schen Œuvres) aus, kein Stück Orangenschale mehr zu den Strahlen dieser Sonne, die unser Leben erleuchtet», zit. nach R. Char (= Poètes d'aujourd'hui, 22), Paris 1961, S. 185.

18) Von Claudel und Rivière ist dies bekannt, nicht aber von Valéry. Es sei hier ausdrücklich auf aufschlußreiche Passagen in seiner Korrespondenz hingewiesen, die einer eigenen Studie wert wären; so mit Gide. Vgl. A. Gide – P. Valéry, *Correspondance* . . ., Paris (Gallimard) [7]1955, S. 183, 214, 283, 411, 417, 437, 439 etc. und Valérys *Lettres à quelques-uns*, Paris 1952, s. u. Anm. 27.

19) Von Claudel und Rivière ist wiederum genügend bekannt, daß sie sich gerne mit Rimbaud verglichen, nicht aber von Valéry, der sein Schweigen ausdrücklich mit dem Rimbauds vergleicht (s. Brief an Gide vom 24. 7. 1893).

in der Bestimmung dessen, was seine Entdeckung war, unterscheiden sich bereits Claudel und Valéry radikal.

Für Claudel ist Rimbaud das «Kind... mit der Sprachkraft eines genialen Mannes..., die Erscheinung einer ungeheuerlichen Unschuld, beladen mit einer Botschaft, von der er nichts versteht» [20]. Wohl ist Rimbaud ein Zerstörer, doch zerstört er das Gefängnis einer in Materialismus und Positivismus gebannten Welt, die das Unbekannte zu ahnen verlernt hat. Rimbaud ermöglicht einen «lebendigen und beinahe physischen Eindruck des Übernatürlichen» [21]. Er ist der «große Bekehrte und Bekehrer» zu einer christlichen Welt, d.h. er ermöglicht «die wunderbare Offenbarung des Übernatürlichen um uns herum», er entdeckt uns «das Übernatürliche, welches unaufhörlich alles Natürliche begleitet» [22]. Rimbaud ist kein Dichter, sondern «Entdecker, Erleuchter aller Wege der Kunst, der Religion und des Lebens» [23]; Rimbaud «ist ein Prophet über den der Geist gekommen ist» [24]. Da er nur Medium des sich offenbarenden Göttlichen, ihm ausgeliefert ist, muß er seinem eigenen Tun gegenüber blind sein, ja sein ganzes Leben ist nichts als der vergebliche Versuch, sich der göttlichen Stimme zu ver-

---

20) CLAUDEL, P., *Œuvres en prose*, Paris (= Bibliothèque de la Pléiade), S. 521 ff. (Un dernier salut à Rimbaud).
21) CLAUDEL, a. a. O., S. 1009 (Ma conversion).
22) CAHIERS *Paul Claudel*, 1, Paris (Gallimard) 1959, S. 24.
23) CLAUDEL, a. a. O., S. 518.
24) CLAUDEL, a. a. O., S. 521 ff.

schließen. Rimbaud war, so faßt Claudel zusammen, ein von der Kultur unbefleckter, ein wie die Wilden unmittelbar erweckter Mystiker[25].

Dies Bild Claudels war von großer Wirkung: A.-M. SCHMIDT, R. COULON, J. GENGOUX, ROLAND DE RÉNEVILLE u.a. haben versucht, Rimbaud auf den verschiedensten Wegen als «Mystiker» zu deuten. Bei den meisten blieb allerdings bald nur noch der Kabbalist und Kryptiker Rimbaud übrig. Allein Rivière, den Claudel ja zum Christentum geführt hatte, nahm die Behauptungen Claudels ganz ernst und versuchte zu beweisen, daß hinter der dunklen Sprache der «Illuminations» das ‚Objekt' von wirklichen Visionen steht.

Rimbaud — Seul ingénieur de ce siècle

Die Vorstellung eines «blinden Genies», die Claudel mit dem Dichter Rimbaud verbindet, mußte Valéry unerträglich sein. Wenn er von VERLAINE, MALLARMÉ und RIMBAUD, «diesen heiligen drei Magiern der modernen Poesie»[26], spricht, so sieht er in ihnen Menschen, welche die «dichterische Mechanik» besonders beherrschen. Ein solcher Dichter «ist nicht mehr der zerzauste Schwär-

---

25) CLAUDEL, a. a. O., S. 514.
26) VALÉRY, P., *Œuvres*, Bd. 1, Paris 1962, S. 1281, 599 (= Bibliothèque de la Pléiade).

mer, der ein ganzes Gedicht in einer Fiebernacht schreibt, es ist der kühle Wissenschaftler, fast Rechenkünstler...» und seine Gedichte sind «Meisterwerke des Fleißes, Monumente der Intelligenz und einer beharrlichen Arbeit, Erzeugnisse des Willens und der Analyse, denn sie fordern zu vielseitige Qualitäten, als daß sie sich auf die eines Registrierapparates für Begeisterung und Ekstase beschränken ließen». Und ein besonders gutes Beispiel eines solchen Dichters ist für Valéry der späte Rimbaud.

Valéry bemüht die Namen der bedeutendsten Physiker des 19. Jahrhunderts, um zu zeigen, wie sehr sich Rimbaud von allen anderen Dichtern der Vergangenheit unterscheidet: «Rimbaud ist der einzige Ingenieur dieses Jahrhunderts, der nicht Sohn eines voraufgegangenen Dichters ist.»[27] Die anderen haben nichts «Grundsätzliches» geändert, dieser literarische Ingenieur hat «ein neues Land der Literatur in den Harmonien unserer Empfindungen» entdeckt[28]. Wir betonen diesen Aspekt, weil er außer von Valéry in dieser Klarsicht nirgends in der Literatur über Rimbaud zu finden ist und weil er als Antithese zu Claudel für Rivière von besonderer Wirkung wurde. Valéry hat eine Beschreibung eines solchen Ingenieurs gegeben: ein Dämon an Klarsicht, ein Genie der Analyse, Erfinder neuer verführerischer Kom-

---

27) A. Gide – P. Valéry, *Correspondance*, a. a. O. S. 214 f.
28) Valéry, *Lettres à quelques-uns*, a. a. O., S. 240.

binationen von Logik und Phantasie, Mystik und Kalkül. Als solchen kann man Rimbaud erkennen, «vor allem, wenn man das Neue, das er geschrieben hat, von dem Rest trennt: besudelte Erinnerung, den Hunden vorbehaltenes Aas. Das Buch, das man über ihn schreiben müßte, würde sein Werk auf seine ‚Zweckfreiheit' zurückführen (inutilité). Es müßte ‚Prolegomena für eine neue Analyse' heißen. Meine Arbeit bestand darin, zu untersuchen, was das wohl sein könnte. — Das Unbewußte bei Rimbaud scheint mit der Zeit zu enden, in der er schrieb. Schon in den «Illuminations» gibt es Spuren für eine Duplizität der Arbeitsweise»[29].

Diese Idee der Kunst als zweckfreies, ernstes Spiel betont auch Rivière immer wieder gegen Claudel, der selbst von Mallarmé als «bloßem Nur-Künstler» sagt, «daß er in Wahrheit nichts zu sagen hat»[30]. — Die folgende Briefantwort Rivières erklärt, warum er in den Konflikt zwischen die beiden Rimbaudbilder kommen mußte, obwohl ihn Claudel schließlich zum katholischen Glauben bekehrt hat: «Selbst wenn es anerkannt wäre, daß diese geistigen Anstrengungen nur ein Spiel sind, so würde das für mich keinen ernsten Verlust bedeuten, (denn) das Spiel ist immer noch das Beste in unserem Leben.... Es rafft das ganze Sein zusammen wie vor einem Sprung, dann läßt es sich mit einer einzigen Bewegung

29) Valéry – Gide, a. a. O., Brief vom 7. 9. 1894.
30) Claudel – Rivière, a. a. O., Brief vom 24. 10. 1907.

los; hier allein findet der Mensch seine wirkliche Einheit....»[31].

Für Mallarmé zählt nur der frühe Rimbaud, der Rimbaud der «Poésies»; Claudel stellt «Une Saison en Enfer» in das Zentrum seines Interesses — man hielt dies Prosawerk lange für die letzte Dichtung Rimbauds —; Valéry ist allein von den «Illuminations» begeistert. Rivière versucht den ganzen Rimbaud zu erfassen: den Anarchisten, den Mystiker und den Ingenieur. — Der erste, 1914 publizierte Teil seines Buches steht noch stark unter dem Einfluß Mallarmés und Claudels: er sucht das Werk Rimbauds durch das Wesen Rimbauds zu erfassen, er schreibt also eine Art innerer Biographie; im zweiten Teil ist der Einfluß Valérys zu erkennen: Rivière analysiert hier mit verschiedenen Methoden das Werk, um die Wirklichkeit zu erkennen, die Rimbaud zu bannen sucht.

La révolte d'ordre métaphysique

Rivière zeigt die zwei Gesichter des frühen Rimbaud: da ist einmal der Mensch mit einer angeborenen Gabe zur Entstellung, Verunstaltung, Besudelung, rücksichtslos, traditionslos, unmoralisch, ein Monster an Gefühlslosigkeit, voller Haß und in steter Empörung. Doch ha-

31) Claudel – Rivière, a. a. O., Brief vom 27. 6. 1908.

ben seine Auflehnung und sein Haß kein Ziel, kein Objekt in der Welt: es ist eine metaphysische Revolte gegen die «condition humaine», gegen die physische und kosmische Ordnung. Wie kommt es, daß Rimbaud so unter der Welt leidet, wie kommt es zu dieser persönlichen Qual? Um diese Frage beantworten zu können, zeichnet Rivière das andere Gesicht Rimbauds: das brave, eher schüchterne Kind, seine Gradlinigkeit und innere Harmonie, seine reine Jugendlichkeit, die seelische Unschuld eines bevorzugten Daseins. Diese Reinheit und Vollkommenheit erscheint Rivière so außergewöhnlich, daß er Rimbaud einen von der Erbsünde ausgenommenen Menschen nennt. Deshalb kann er in dieser Welt nicht leben, deshalb wächst seine Einsamkeit und sein Haß auf die Welt. Rivière erblickt hierin einen Schlüssel zum Werk Rimbauds: die Unschuld einer kompromißlosen Jugend. Diesem zentralen Motiv geht Rivière nun ausschließlich nach: die ersten Werke Rimbauds (Les Assis, Vénus Anadyomène, Les Pauvres à l'Eglise, Les premières Communions etc.) entwerfen gleichsam ein Negativbild der möglichen Reinheit und Vollkommenheit des Menschen. Hier ist alles Schande, Verworfenheit, Erniedrigung, Verfall und Tod.

In den «Illuminations» wird der Verfallenheit die Vollkommenheit einer künstlichen, kostbaren und unverderbbaren Welt entgegengestellt, welche die Wissenschaft dem Menschen in der Zukunft bringen werde zum Ausgleich für das, was er am tiefsten Grund seiner Vergangenheit verloren hat. Doch wird dieser hoffnungsfrohe Ausblick durch ein zweites Motiv überlagert und gebrochen: das Motiv des Übermaßes und der Ungeheuerlichkeit. Die Welt kommt durch die ersehnte, fürchterliche Unschuld aus dem Lot; würde der Mensch befreit, so stände er dadurch außerhalb alles Menschlichen, wäre isoliert von der Menschheit, wäre ganz allein, ohne Bindung, ohne Funktion und außerhalb von Raum und Zeit.

Unsere Welt, die uns festhält, die wir nicht überwinden können, ist unsere Hölle («Une Saison en Enfer»), der es zu entrinnen gilt. Um diese Erlösung geht es Rimbaud, er will die zukünftige Wirklichkeit nicht nur sehen, er will sie erreichen: nicht Teilhabe in einer Vision, sondern im wirklichen Leben. Anfangs glaubte er noch, dies sei durch irdischen Fortschritt möglich, dann aber erkennt er, daß uns das Leben selbst von dem verlorenen Paradies trennt: erst am Ende des Lebens steht die Erfüllung der Erwartung. — Damit glaubt Rivière auch die Erklärung für das plötzliche Verstummen Rimbauds gefunden zu haben: kann es nach diesen Erkenntnissen noch Raum für Dichtung im Leben eines Menschen geben? War doch Dichtung für Rimbaud niemals etwas anderes als die Manifestation des Kampfes in seinem Inneren, niemals etwas anderes als «Leib für seine Seele».

Mit dieser kühnen und einseitigen Erklärung der Dichtung Rimbauds stieß Rivière auf heftige Kritik. Nicht als ob die Einzelergebnisse seiner Untersuchungen nicht stimmen würden, doch sind sie zu ausschließlich formuliert, wirken in ihrer Isolation übertrieben. Es ist daher nicht verwunderlich, daß Valéry — man vergegenwärtige sich seine Position — heftig protestiert. Am 14. Juli 1914 schreibt er an André Gide: «Ich habe den ersten Teil R(ivières) über Rimbaud gelesen. Ich bin untröstlich für R., den ich sehr schätze. Das ist nichts wert. Es ist eine Mache aus nichtssagenden Übertreibungen». Valéry wollte einen Gegenartikel schreiben — wozu ihm auch Gide riet — doch kam der Krieg dazwischen.

Rivière hat diese Kritik während seiner Arbeit am zweiten Teil berücksichtigt; er hat auch die vorliegende Buchfassung des ersten Teils gegenüber dem NRF-Artikel verändert: er verzichtet am Schluß auf den Ausschließlichkeitsanspruch seiner These und wendet sich dem «Objekt» der Rimbaudschen Visionen zu.

L'objectivité des visions de Rimbaud

Rimbauds Werk wird im zweiten Teil dargestellt als eine Sammlung von Erfahrungen. Rivière versucht hier, den Beweis zu liefern, daß die «Illuminations» nicht ein subjektives Spiel, nicht eine Art artifizielle Phantasmagorie sei, nicht das willkürliche Vermengen der Bruchstücke einer absichtlich deformiert und schief gesehenen Realität, sondern das Dokument einer Vision. Rivière sucht die Behauptungen Claudels mit den Methoden eines Valéry zu beweisen — und das macht das besondere Interesse des Buches aus.

Die These lautet: Rimbaud hat den Einbruch der übernatürlichen Welt in die natürliche gesehen und dargestellt. Das Objekt seiner Visionen ist unsere Welt, die sich vor der jenseitigen auflöst. Rimbaud zeigt den Zerfall, das Auseinandertreten der Dinge in ihre alte Freiheit, in ihre alte Nutzlosigkeit und Unverbundenheit, er stellt die Rückkehr in das Chaos dar. Den ersten Teil der These (Rimbaud hat die Wirkung der jenseitigen Welt gesehen) kann man nicht beweisen, man kann es nur glauben oder nicht, den zweiten Teil aber (seine Dichtung ist ein über sich hinausweisendes Dokument) will er beweisen und damit indirekt auch den ersten wahrscheinlich machen.

Den ersten Beweis findet Rivière in Rimbauds eigenem Zeugnis; sein berühmter «Seher-Brief» und das geheimnisvolle Stück «L'Alchimie du Verbe» aus «Une Saison en Enfer» beschreiben die krankhafte Krise, die notwendig dafür ist, daß sich das Neue zeigen kann. Nur aus der inneren Verstörung, aus der Auflösung aller praktischen Bezüge, nur aus der Aufgabe aller eigenen Ideen und Vorstellungen kann wie durch eine geöffnete Schleuse die Vision des vom Jenseits verursachten Chaos in uns eindringen.

In einem zweiten Ansatz untersucht Rivière die verschiedenen Fassungen einiger Prosatexte der «Saison en Enfer» und zeigt wie Rimbaud den Text strafft, läutert, in eine bestimmte Richtung zwingt: es ist der Kampf Rimbauds mit seinem Gegenstand, dem er sich Schritt für Schritt nähert. Hätte Rimbaud etwas einfach erfunden, so wäre er von «Einfällen» ausgegangen und hätte sie dann erweitert — der Weg ist aber offensichtlich umgekehrt. «Die Arbeit des Dichters besteht nicht darin, etwas Beliebiges entstehen zu lassen, sondern dieses Etwas daran zu hindern, vorüberzugehen.»

Es ist bekannt, daß Rimbaud «eine Sprache finden wollte». Wozu bedarf Rimbaud einer neuen Sprache, wenn er nicht etwas Unerhörtes zu sagen hat? Wenn also Rimbaud eine neue Sprache gefunden hat, so muß sich in ihr eben jene Wirklichkeit spiegeln. Aus diesem Grund macht Rivière eine Stilanalyse der «Illuminations», die in ihrer Eindringlichkeit einzigartig ist. Auch wenn diese Analysen des Sprachrhythmus, der Syntax, der Wortwahl und vor allem des einzelnen Wortes als Sinn- und Klangträger nicht jedem als Beweis der großen These dienen können, so sind sie doch der beste Zugang zur Lyrik Rimbauds. Die Sätze z. B. sind offen, finden nicht zum Ausgangspunkt zurück, haben fragmentarischen Charakter und sind daher für Rivière «wie eine fossile

Versteinerung, welche die abgeleugnete Existenz einer Pflanze unter Beweis stellt.» Dasselbe gilt für die Musikalität der Rimbaud'schen Prosagedichte. Rivière ist der erste, der nicht nur ihre Vollkommenheit behauptet, sondern beweist, welche Gesetzmäßigkeit in der Anordnung der Vokale, Diphtonge und Konsonanten besteht; wie Rimbaud die Laute zu Akkorden zusammenfügt und aus dem Ganzen ein Gebilde von höchster Eindringlichkeit schafft. Und auch diese Mühe Rimbauds ist ihm Beweis, daß «das wahre Objekt ein Metaphysisch-Ungreifbares ist. Denn dieser Rückgriff auf alle Mittel, dies Aufbieten der feinsten Ausdrucksformen, diese Art, das Wortmaterial auszupressen, setzen ein Verlangen voraus, das sich nur auf einen schwer erreichbaren Gegenstand beziehen kann, der dem Zugriff entgeht und ganz außerhalb des Dichters angesiedelt ist.»

Diese Erkenntnisse dienen Rivière allein dem Beweis der Objektbezogenheit der Rimbaud'schen Dichtung, dem Beweis der Wirklichkeit seiner Visionen. — Im Gegensatz zu Claudel ist Rivière klar, daß Rimbaud kein Christ war, doch hat für ihn Rimbaud eine Aufgabe übernommen, die jeder Konversion voraufgehen muß: Rimbaud zerbricht alle unsere Bindungen und macht uns frei für eine Begegnung mit Gott.

Das Ergebnis der Untersuchungen Valérys war: «Rimbaud hat die Macht der ‚harmonischen Inkohärenz' gefunden oder erfunden»[32]. Auch Rivière kommt zum Ergebnis, Rimbaud habe ein neues Dichtungssystem geschaffen, eine neue Form der Darstellung aus der bewußtesten Sprachgestaltung, doch wie ist das mit dem «Sehertum» Rimbauds zu vereinen und der von Rivière wiederholten Behauptung, Rimbaud sei ein «Mystiker im Stande eines Wilden»? Rivière hat diese Fragen nicht beantworten können. Bei seinem Tod lag das Werk zwar vollendet vor, aber zu seiner Publikation hat er sich nicht aufraffen können, obwohl es ihm als Direktor der Nouvelle Revue Française ein leichtes gewesen wäre. Ein Brief vom 10. 12. 1923 an Ernst Robert Curtius spiegelt die Unsicherheit wieder: «... ich muß Ihnen unter uns sagen, daß ich an meiner zuerst skizzierten Interpretation der «Illuminations» zu zweifeln beginne: ihr mystischer Charakter trifft mich nicht mehr so; deshalb ließ ich den Essai unvollendet...»

Rivière hat das Rimbaudbild Claudels in vieler Hinsicht verlassen, doch konnte er nicht den «Seher» Rimbaud verleugnen. Das 1930 erschienene Werk hat den Konflikt nicht gelöst: arbeitet Rimbaud unbewußt, ohne Kalkül, ganz an sein «Objekt» ausgeliefert —

32) Valéry, *Lettres à quelques-uns,* a. a. O., S. 240.

oder ist er bewußter Dichter im Sinne Valérys, systematisch, ein Ingenieur des Wortes? — Hat seine Dichtung ein «Objekt» oder ist sie im Gegenteil auf eine grandiose «Zweckfreiheit» zurückzuführen? — Besteht seine Wirkung auf Grund echter Visionen oder sind die «Erleuchtungen», die seine Dichtung in uns hervorbringen, «Effekte einer besonderen Rhetorik» [33]? Und endlich: war die Dichtung für Rimbaud wirklich nur eine der möglichen Aussageformen seiner Visionen oder war Rimbaud Dichter im Sinne Valérys, der Schöpfer einer selbstbezogenen Literatur, «die immer über dem Leser stehen wird?» [34]

Neuere Forschungen haben gezeigt, daß sich die These Valérys vom Dichter-Ingenieur genau so bewahrheitet wie die These Rivières vom Dichter-Seher [35]; allerdings müßte das Buch Valérys noch geschrieben werden, Rivières Buch liegt vor: manche seiner Thesen werden vielleicht an Bedeutung verlieren, andere haben aber bereits gezeigt, daß sie heute zum Ausgang neuer Forschung werden können. Sein Buch ist daher tatsächlich nicht ersetzbar.

Sollte es aber möglich sein, die beiden Bilder zusammenzuführen in dem Sinne, daß Rimbaud zwar nicht

---

33) Valéry, *Lettres à quelques-uns,* a. a. O., S. 240.

34) Valéry – Gide, a. a. O., S. 215.

35) Kloepfer, R., *Das trunkene Schiff.* Rimbaud – Magier der kühnen Metapher? (in: Romanische Forschungen I [1968]) und ders., *Rimbaud – Klassiker der modernen Verskunst* (erscheint Ende 1968).

eine jenseitige Welt in ihrer Wirkung auf die diesseitige gesehen, doch eine zukünftige — oder die wirkliche — geahnt und in seiner Dichtung sichtbar gemacht hat durch eine neue Dichtungsform, so würde das auch die kühnen Behauptungen beweisen, die immer wieder von den modernen französischen Dichtern gemacht werden, und wovon ich hier zwei anführen möchte. APOLLINAIRE schreibt an Breton: «Ich glaube, daß Rimbaud mehr von moderner Kunst gewußt hat als Valéry und andere feinsinnige Künstler ahnten. Von diesem grandiosen Herkules emporgehoben, blieben sie in der Luft und konnten keine neuen Kräfte durch Berührung des Bodens gewinnen»[36]. Und RENÉ CHAR resümiert am Ende seiner Rimbaudstudie: «Wenn ich selbst wüßte, was Rimbaud für mich ist, dann wüßte ich auch, was für eine Dichtung vor mir liegt, und ich brauchte nicht mehr zu schreiben...»[37].

Rivières Stil- und Motivuntersuchungen sind also heute noch gültig, doch ist das nicht der einzige Grund, warum eine deutsche Übersetzung zu begrüßen ist. Rivière will mehr als nur intellektuell überzeugen, er will die ganze Person des Lesers mitreißen und über dem Werk Rimbauds ein neues Lebensgefühl wecken. Rivière gibt sich ganz, in einer fast fanatischen Art und

---

36) Karte an A. Breton vom 12. 3. 1916 (in: Flaneur des deux rives, mars 1954, p. 3).
37) CHAR, a. a. O., S. 189.

Weise der Gestalt seines Essais, er ordnet sich unter, widmet ihr — wie er selbst bekennt — einen ausschließlichen Kult. Sein Stil paßt sich dem Gegenstand an, ist mimetisch und deshalb vielfältig wie das Werk Rimbauds: präzis und enthusiastisch, lyrisch und pathetisch, überzeugt und überzeugend.

Solch ein zeitloses Meisterwerk der französischen Prosa ins Deutsche zu übersetzen, verlangt mehr als die Beherrschung der fremden wie der eigenen Sprache. Es verlangt die genaue Kenntnis des Gegenstandes, also Rimbauds Dichtung und den Mut, auch dann dem französischen Autor zu folgen, wenn dieser die normale Stillage der wissenschaftlichen Prosa verläßt. Diese große Aufgabe hat A. V. Wernsing mit erstaunlicher Meisterschaft bewältigt; man kann nur hoffen, daß dies nicht das einzige Werk klassischer französischer Literaturkritik bleibt, das einem breiten deutschen Leserpublikum zugänglich gemacht wird.

Freiburg, April 1968 Rolf Kloepfer

ERSTER TEIL

I

« Apprécions sans vertige l'étendue
de mon innocence.» A. R.

Am Anfang steht bei Rimbaud die zornige Aufwallung und das beleidigende Wort. Diese Seite seiner Seele zeigt sich uns zuerst. Und sie müssen wir ertragen, wenn wir uns ihm nähern wollen. Rimbaud bleibt unverständlich, solange wir vor diesem Schwall von Schimpfreden stocken, solange wir versuchen, der Flut auszuweichen. Bis weit aufs offene Meer kündigt sich ein großer Strom mit seinem schlammigen Wasser an; ebenso natürlich geht Rimbaud dieser ungeheure Schmutz voraus.

Rimbaud war mehr als reizbar; man mußte nicht nur befürchten, ihm Anlaß zur Erregung gegeben zu haben; darauf wartete er erst gar nicht: Er stieß zuerst los, warf sich als erster auf den Gegner, ohne sich zu Erklärungen herbeizulassen. Ein Schimpfwort kam ihm so leicht auf die Zunge, daß er es nicht zurückhalten konnte. Fluchen war ihm wie eine Leibesfunktion mit ihrer besonderen Wollust. Geheimisse, Mittel, Kniffe und Drehs besaß er dazu in erschöpfendem Maße, hatte die richtigen Schimpfnamen; es sprudelte jung aus ihm heraus. Obwohl, was Rimbaud betrifft, das Zeugnis Edmond Lepelletiers äußerst fragwürdig ist, können wir ihm hier doch eine Anekdote entleihen. Er erzählt, er habe eines

Tages, «um Verlaine eine Freude zu machen», Rimbaud zu sich eingeladen: «Zuerst nahm er während des ganzen ersten Teils der Mahlzeit die Zähne nicht auseinander und öffnete den Mund nur, um Brot oder etwas zu trinken zu verlangen, und das in einem trockenen Ton, als wäre er an einem Wirtshaustisch; dann, gegen Ende, unter dem Einfluß eines kräftigen Burgunders, von dem Verlaine ihm reichlich einschenkte, wurde er aggressiv. Er ließ provozierende Paradoxe los und brachte Sentenzen vor, die Widerspruch herausfordern sollten. Mich wollte er besonders witzig verspotten, indem er mich ‚Totenbegrüßer' nannte, weil er einmal gesehen hatte, wie ich beim Vorbeimarsch eines Trauerzugs den Hut gezogen hatte. Da ich gerade zwei Monate vorher meine Mutter verloren hatte, gebot ich ihm Schweigen über dieses Thema und sah ihn scharf an, was er ziemlich krumm nahm, denn er wollte sich erheben, auf mich losgehen, und drohte mir. Nervös und ungeschickt hatte er ein Dessertmesser vom Tisch genommen, zweifellos als Waffe. Ich drückte ihm die Hand an die Schulter und zwang ihn, sich wieder zu setzen, und sagte ihm, ich käme gerade aus dem Krieg, usf.» [1] Es ist unnötig, weitere Einzelheiten dieser Passage zu zitieren, in der die Würde, die Bravour und Uneigennützigkeit des Herrn Lepelletier sich in der komischsten Weise Ausdruck ver-

---

1) Edmond Lepelletier, *Paul Verlaine.* Paris (Mercure de France), S. 260 bis 262.

schaffen. Halten wir einfach fest, daß Rimbaud später nie anders von seinem Gastgeber sprach denn als «Totenbegrüßer, seniler Troubadour und Abpisser».

Aber das war, für ihn jedenfalls, nur Spaß. Die Eingebung, die ihn in Flüche ausbrechen ließ, hatte einen tragischen Grund. Die Briefe, die er seinem Freund Delahaye schrieb, lassen uns spüren, aus welcher Tiefe diese unflätigen Ausdrücke aufstiegen, mit welch abscheulichem Vergnügen er sie genoß, mit welchem Vollgefühl, welcher Wonne er sie auswarf:

Ce qu'il y a de certain, c'est merde à Perrin. Et au Comptoir de l'Univers, qu'il soit en face du square ou non.[2]

Das ist sicher: bei Perrin ist es beschissen. Und an der Theke des Universum-Cafés, gegenüber dem Platz oder nicht.

N'oublie pas de chier sur la Renaissance, *journal littéraire et artistique, si tu le rencontres.*[3]

Vergiß nicht, auf die *Renaissance* zu scheißen, dieses Kunst- und Literaturblatt, wenn Du ihm begegnest.

Hier verbirgt sich mehr als bloße jugendliche Ungezogenheit. Der Ton ist ernsthafter und verbissener; die Worte sind innig mit seinem Wesen verbunden; und sie schütteln ihn, wenn sie aus ihm hervorbrechen. Es ist fast der Überschwang einer sinnlichen Befriedigung. Eine

---

2) Brief an Ernest Delahaye vom Juni 1872. *Œuvres complètes.* Paris 1963, S. 286.

3) Ebd. S. 287 – Es ist bemerkenswert, daß die «Renaissance» gerade *Les Corbeaux* veröffentlicht hatte. Rimbaud richtet seine Beleidigungen mithin an die eigene Adresse.

merkwürdige Meisterschaft, mit der er die unschuldigsten Wörter in verrufene Gesellschaft bringt, indem er ihnen ungehörige Endungen anheftet![4] Man ist versucht zu sagen, er gebe ihnen die Form zurück, die sie für ihn besitzen müssen, er stelle sie in ihrer ursprünglichen Nichtswürdigkeit wieder her. Nie hatte ein Mensch eine solch angeborene Gabe zur Entstellung, Verunstaltung, Besudelung.

Doch nicht allein seine Worte sind abstoßend. Hinter seinen beleidigenden Äußerungen, ihnen gleich, verbirgt sich eine noch abschreckende Seele, wenn dies überhaupt möglich ist. Zunächst ist er von einer unglaublichen Gefühllosigkeit. Er ist ein Ungeheuer. Er ist unfähig, irgendeines der normalen menschlichen Gefühle zu empfinden. Nichts erkennt er als verehrungswürdig an. Ihm fehlt jeder Respekt, will sagen: in seinen Augen gibt es nichts, dem man mit einigem Grund Achtung zu erweisen hätte. Alle gesellschaftlichen Gewohnheiten unseres Herzens sind ihm unverständlich. Er kennt keine Tradition, keine der von Jahrhunderten geschmiedeten Bande. Seine Seele ist in der Zeit allein; durch sie hindurch geht der einsame Wind der vollständigen Freiheit. An der

4) Vgl. ebd. «Juinphe, Parmerde, absomphe, travaince, carolopolmerdis» statt Juin, Paris, absinthe, travailler, carolopolitain (was vielleicht mit «Junimpf, Parischiß, Absumpf, ich schufte, Carolopolscheißer» wiederzugeben wäre) – und in einem anderen Brief an Delahaye (Mai 1873; S. 288): «contemplostate» (Betrachtifizierung) statt contemplation.

Stelle der unzähligen Rücksichten, die unsere Seele erfüllen, ist in der seinen etwas wie eine Leere, eine wilde, brennende Leere jedoch, eine Art verneinender Flamme. Er unterschreibt einen seiner Briefe: *«ce ‚sans-cœur‘* de Rimbaud» — dieser Rimbaud Ohneherz.[5] Selbst wenn er das Wort ironisch gebraucht, hat man es doch buchstäblich zu nehmen. Rimbaud fehlt jener Ort des Innern, an dem Gefühle entstehen, aufblühen, sich stärken und entfalten, ihm fehlt das wohnliche kleine Haus des Gewissens mit seinen Bewohnern, die hin und her, ein- und ausgehen, die ihre kleinen Streitigkeiten mit Maß und Höflichkeit austragen. In dieser Seele ist kein Boden für moralische Bedenklichkeit; eine Saat, die dorthin fällt, trifft nur auf eine verzehrende Leere, in der sie sofort zerstäubt.

Von seiner Mutter spricht Rimbaud zwar nicht gerade unflätig, aber doch in grobem, trockenem Ton, mit unbarmherziger Gefühllosigkeit:

La mother m'a mis là dans un triste trou.[6]

Die Mother hat mich da in ein armseliges Loch gesteckt.

La mère Rimb. retournera à Charlestown, etc.[7]

Die alte Rimb. wird nach Charlestown zurückgehn.

---

5) Brief an Georges Izambard, 2. Nov. 1870. *Œuvres complètes,* S. 265. – Vgl. den von Ernest Delahaye in seinem «Rimbaud» *(Revue Littéraire de Paris et de Champagne,* 1901, S. 30) zitierten Ausspruch: «Ce qui fait ma supériorité, c'est que je n'ai pas de cœur.»

6) Brief an Ernest Delahaye, Mai 1873. *Œuvres complètes,* S. 288.

7) Ebd.

Sie bedeutet ihm nichts, und seine gleichgültige Haltung zu ihr scheint ruhig, ausgereift, ohne innere Vorbehalte, ohne Gewissensbisse. Er weigert sich, ihr Rechenschaft abzulegen über das, was er tun will; und in dieser Unbotmäßigkeit denkt er nicht einmal daran, sich mit ihr auszusprechen. Einem Außenstehenden schreibt er:

. . . J'ai fini par provoquer d'atroces résolutions d'une mère aussi inflexible que soixante-treize administrations à casquettes de plomb.
Elle a voulu m'imposer le travail, – perpétuel, à Charleville (Ardennes)! Une place pour tel jour, disait-elle, ou la porte. – Je refusai cette vie; sans donner mes raisons: c'eût été pitoyable.[8]

Am Ende habe ich schreckliche Entschlüsse meiner Mutter heraufbeschworen, die so unbeugsam ist wie dreiundsiebzig Streiche mit der Knotenpeitsche.
Sie wollte mir lebenslängliche Arbeit in Charleville (Ardennen) auferlegen! Eine Stellung an dem und dem Tag, sagte sie, oder da ist die Tür. – Dies Leben wies ich von mir, ohne meine Gründe zu nennen; es wäre jämmerlich gewesen.

Dieselbe Gleichgültigkeit erfüllt ihn auch, wenn vom Vaterland die Rede ist:

Quelle horreur que cette campagne française.[9]

Wie widerlich ist dieser französische Feldzug!

In dem Augenblick, da die Deutschen nach Frankreich eindringen, beklagt er sich — und das mit einer Bitterkeit, von der er keineswegs annimmt, sie sei verfehlt —

8) Brief an Paul Demeny, 28. August 1871. *Œuvres complètes*, S. 279.
9) Brief an Ernest Delahaye, Mai 1873. *Œuvres complètes*, S. 288.

daß Paris keine Bücher mehr an die Buchhändler von Charleville schickt. In diesem Licht erscheint ihm der Heroismus seiner Mitbürger:

Monsieur,
Vous êtes heureux, vous, de ne plus habiter Charleville!
Ma ville natale est supérieurement idiote entre les petites villes de province. Sur cela, voyez-vous, je n'ai plus d'illusions. Parce qu'elle est à côté de Mézières, – une ville qu'on ne trouve pas, – parce qu'elle voit pérégriner dans ses rues deux ou trois cents de pioupious, cette benoîte population gesticule, prud'hommesquement spadassine, bien autrement que les assiégés de Metz et de Strasbourg! C'est effrayant, les épiciers retraités qui revêtent l'uniforme! C'est épatant comme ça a du chien, les notaires, les vitriers, les percepteurs, les menuisiers et tous les ventres, qui, chassepot au cœur, font du patrouillotisme aux portes de Mézières; ma patrie se lève! ... Moi, j'aime mieux la voir assise: ne remuez pas les bottes! c'est mon principe.[10]

Mein Herr,
Wie glücklich sind Sie, daß Sie nicht mehr in Charleville wohnen! Meine Vaterstadt ist die bei weitem idiotischste der kleinen Provinzstädte; darüber, sehen Sie, habe ich keine Illusionen mehr. Weil sie bei Mézières liegt – eine Stadt, die man nicht finden kann – weil dies scheinheilige Volk zwei- oder dreihundert Landser durch seine Straßen pilgern sieht, fuchtelt es mit spießbürgerlichem Mordgeschrei mit den Waffen herum, ganz anders als die Belagerten von Metz und Straßburg! Gräßlich, diese pensionierten Krämer, die noch einmal die Uniform anziehen! Großartig, diese Wachhundstapferkeit der Notare, Glaser, Schreiner, Steuereinnehmer und der andern Dickwänste, die, Gewehr am Herzen,

---

10) Brief an Georges Izambard, 25. August 1870. *Œuvres complètes,* S. 257 – Vgl. die Anekdote, die Ernest Delahaye in seinem «Rimbaud» a. a. O., S. 27, berichtet.

vaterländische Wache schieben! Mein Vaterland erhebt sich! ... Ich sehe es lieber sitzen: Halt den Stiefel ruhig! Das ist meine Devise.

Er begreift nicht; man sieht es. Was immer sich vor seinen Augen abspielt, es hat keinen Sinn für ihn; er erkennt nicht die Ursache all des Aufruhrs, der ihm wie entleert erscheint von dem Gefühl, das ihn hervorruft. Denn von diesem Gefühl kann er sich kein Bild machen, da seine Seele ihm kein gleichartiges liefert. An der Stelle des sich unterordnenden Patriotismus findet er in sich nur eine erschreckende Gleichgültigkeit voller Gelächter.

Mehr noch: Er entdeckt in sich den Haß. Er ist nicht nur gefühllos, in ihm ist eine wahre Wut, ein tiefes Verlangen nach Rache. Er hat sich uns entgegengestellt; er verabscheut uns aus voller Kraft, mit ganzem Herzen.

La chaleur n'est pas très constante, mais de voir que le beau temps est dans les intérêts de chacun et que chacun est un porc, je hais l'été, qui me tue quand il se manifeste un peu.[11]

Die Hitze ist unbeständig, aber wenn ich sehe, daß jeder sich an dem schönen Wetter freut, und daß jeder eine Sau ist, dann hasse ich den Sommer, der mich umbringt, wenn er sich nur ein wenig hervorwagt.

Jedes Wesen betrachtet er zunächst als Opfer seiner Rachsucht. Er nähert sich ihm, hält es fest, hat ein Recht darauf: seine Schuld wird es ihm bezahlen müssen. Und

---

11) Brief an Ernest Delahaye, Juni 1872. *Œuvres complètes*, S. 286.

da er sieht, daß sich aus ihm nichts herausholen läßt, überhäuft er es mit sarkastischen Bemerkungen und Flüchen.

Kein Mittel erscheint ihm zu niedrig, wenn sein Klagelied nur Eindruck macht. Man sollte sich nicht scheuen, von der Feigheit und Heuchelei Rimbauds zu sprechen. Ja, er ist tückisch; denn Hinterlist kann eine Waffe sein. Darzens erzählt, wie Rimbaud bei einem Essen von Literaten, bei denen Verlaine ihn eingeführt hatte, auf ein schmutziges Wort Verse skandierte, die ein Dichter vorgetragen hatte. Carjat hatte ihn nach einem heftigen Wortwechsel an die Luft gesetzt, und Rimbaud wartete nur das Ende des Essens ab, um sich, als sein Gegner herauskam, mit einem Stockdegen auf ihn zu stürzen, mit dem er ihm glücklicherweise eine nur unbedeutende Verletzung beibrachte.[12] Einige Kritiker haben behauptet, die Anekdote sei erfunden, und es ist bedeutsam, hier darauf hinzuweisen, daß Verlaine jedenfalls eine ganz andere Schilderung gibt.[13] Immerhin, so wie Dar-

---

12) Vgl. *Reliquaire d'Arthur Rimbaud* (Genonceaux, éditeur): Die Geschichte findet sich im Vorwort von Rodolphe Darzens, S. XXVI. Mit einigen Änderungen wird sie wiederholt von Edmond Lepelletier in seinem *Paul Verlaine*.

13) «Rimbaud machte den unübersehbaren Fehler, laut und deutlich gegen die Rezitationen zu protestieren, die am Ende wirklich lästig wurden. Daraufhin griff der Photograph und Dichter Étienne Carjat (dessen Freund der Vortragende war) meiner Meinung nach übereilt und zu hitzig ein und kanzelte den Störenfried wie einen Straßenjungen ab. Rimbaud konnte das Trinken nicht vertragen, und man hatte bei diesen zuerst gemäßigten Gelagen die schlechte Gewohnheit angenommen, übermäßig viel Wein und Likör zu sich zu nehmen. Rimbaud also, der gerade betrunken war, nahm die Sache übel auf, griff

zens die Begebenheit darstellt, scheint sie nicht ganz unglaubwürdig. Warum sollte Rimbaud in seinen tiefgehenden Wutausbrüchen sich Zurückhaltung auferlegen? Wir haben uns daran gewöhnt, maßvolle und schickliche Umgangsformen, ja eine Art würdevoller Haltung zu bewahren, selbst wenn wir unserem Groll die Zügel schießen lassen. Denn unser Zorn ist kurz, vorübergehend und Privatsache. Wenn wir ihm nachgeben, so verlieren wir nur einen Augenblick lang unsere Gelassenheit; wir wissen wohl, daß wir uns bald wieder beruhigen werden. Daher versuchen wir, wenigstens ungefähr die Vorschriften des geselligen Umgangs einzuhalten, seine Erfordernisse so weit wie möglich zu achten, wenn wir die Regel schon übertreten. Rimbauds Haß jedoch ist vollständig, unbegrenzt und kennt keine Rücksicht; er gibt das Gesetz des Handelns, er prägt richtend und formend das Verhalten. Neben der seinen gibt es keine andere Stimme, und ihn zu befriedigen ist einzig von Bedeutung. So ist jede Heimtücke erlaubt, wenn sie nur wirkt, wenn sie nur ein wenig diesen ungeheuren Rachedurst stillt.

---

nach einem Stockdegen, der mir gehörte und hinter unseren benachbarten Sitzen lag, und richtete die entblößte Degenspitze quer über den zwei Meter breiten Tisch auf M. Carjat, der sich uns gerade gegenüber befand. Glücklicherweise richtete er keinen großen Schaden an, da der sympatische Exdirektor des ‚Boulevard' nur eine leichte Streifwunde an einer Hand davontrug, wenn ich meinem Gedächtnis vertrauen darf, das aber in diesem Fall ausgezeichnet ist.» (Vorwort zu den *Poésies complètes d'Arthur Rimbaud*, édition Vanier.)

Stets ist Rimbaud in gerechter Empörung. Umso schlimmer für uns, wenn wir ruhig bleiben. Er ist im Krieg. Wir sind seine Feinde, selbst wenn wir nicht wollen. Mögen wir uns ihm mit größtem Wohlwollen zuwenden: inzwischen sucht er herauszufinden, wie er uns Schmerz zufügen könne. Umso besser, wenn er uns gerade leiden sieht! Grausam befriedigt beglückwünscht er sich dazu. Seht, wie abscheulich er frohlockt! Mitten in der deutschen Besetzung schreibt er: «Ich bin vorgestern in Vouziers gewesen und habe die Preußenkerle gesehen. Das hat mir Spaß gemacht.» [14] Und auch diesen ebenso schändlichen wie sublimen Aufschrei kann er nicht zurückhalten:

Je souhaite très fort que l'Ardenne soit occupée et pressurée de plus en plus immodérément.[15]

Ich hoffe sehr, daß die Ardenne besetzt und immer hemmungsloser unterdrückt werden wird.

Sein Haß federt wie Stahl. Er wird nicht müde, sich gegen uns zu empören. Stets ist er bereit, mit gleich unerbittlicher Lust, Anklage zu erheben, stets bereit, zu verdammen und zu strafen. Je mehr Gelegenheit man ihm dazu bietet, desto größer ist sein Vergnügen. Ein verächtliches Lachen steigt unerschöpflich in ihm auf. Noch einmal!, schreit er, Triumph in der Stimme. Ihr

14) «J'ai été avant-hier voir les Prussmars à Vouziers, une sous-préfecture de 10 000 âmes, à sept kilom. d'ici. Ça m'a ragaillardi.» (Brief an Ernest Delahaye, Mai 1873. *Œuvres complètes*, S. 288).
15) Brief an Ernest Delahaye, Juni 1872. *Œuvres complètes*, S. 286.

seht, ich bin immer da; flieht wohin ihr wollt, ich werde euch nicht verfehlen!

Sein Zorn ist so gewaltig, daß er bis in den Spaß hinein anhält. Man muß den wütenden, pfeifend ironischen und empörten Tonfall vernehmen, den das Wort «deliziös» bei Rimbaud gewinnt. Er scheint sagen zu wollen: «Da, das habt ihr geschafft, gut! Ich nehme es hin, aber glaubt nicht, ich vergäbe euch meine Lust leichter als das Übrige. Meine ganze Wut bleibt darin versammelt. Das sollt ihr mir bezahlen.»

Um den Zorn Rimbauds wohl zu verstehen, muß man darin einen eigenartigen Charakterzug feststellen: Sein Haß hat keinen Gegenstand. Eine aufhebende Gleichgültigkeit den Wesen gegenüber, in die er sich verbeißt, kompliziert diesen Haß. Er macht keine Unterschiede zwischen ihnen; er will sie nicht kennen. Nichts vermag er, als sich auf sie zu stürzen.

Ses strophes bondiront: Voilà! voilà! bandits![16]

Seine Strophen werden aufspringen: Das, ihr Banditen, das!

Rimbaud stürzt sich auf den Erstbesten, er schlägt wild um sich; denn er ist sicher, daß, wen immer er trifft, seine Schläge verdient sind. Sein Gedicht *L'Orgie parisienne* eröffnet er mit einer Art Verteidigungsrede auf die Kommune, einer Art wütender Diatribe gegen die Versailler. Am Ende der ersten Strophe jedoch sieht

16) L'Orgie parisienne ou Paris se repeuple. *Œuvres complètes,* S. 83.

er keine Unterschiede mehr, weiß er nicht mehr, gegen wen er kämpft; gegen alle; in seinem Innern rast der Haß wie eine wild umspringende Magnetnadel. Der Geist der Rache ist ihm zugleich der Geist des schwindelnden Rausches. Sobald er in Zorn gerät, beginnt alles um ihn zu schwanken, sich zu drehen:

Qu'est-ce pour nous, mon cœur, que ces nappes de sang
Et de braise, et mille meurtres, et les longs cris
De rage, sanglots de tout enfer renversant
Tout ordre; et l'Aquilon encor sur les débris;

Et toute vengeance? – Rien! . . . Mais si, toute encor,
Nous la voulons! Industriels, princes, sénats:
Périssez! Puissance, justice, histoire, à bas!
Ça nous est dû. Le sang! le sang! la flamme d'or!

Tout à la guerre, à la vengeance, à la terreur.
Mon Esprit! tournons dans la Morsure: Ah! passez,
Républiques de ce monde! Des empereurs,
Des régiments, des colons, des peuples: assez![17]

Was macht uns das, mein Herz, die glühenden und blutigen Lachen, und tausend Morde und das lange Schreien vor Wut, Höllenseufzer, die jede Ordnung zerstören, und noch der Nordwind über den Trümmern;

Und jegliche Rache? – Nichts! Aber wir wollen völlige Rache! Industrielle! Fürsten! Senate! Geht zugrunde! Nieder mit der Macht, dem Recht und der Geschichte! Das steht uns zu. Blut! Blut! Die goldene Flamme!

Alles für den Krieg, die Rache, den Terror. Mein Geist! Drehn wir das Messer in der Wunde um: Vergeht, Staaten der Erde! Kaiser, Regimenter, Bauern und Völker! Genug!

---

17) *Œuvres complètes,* S. 124.

Diese unparteiische Wut, diese Gleichgültigkeit des Zorns verrät, wie seltsam abgelöst Rimbaud von den Gegenständen ist, die er wütend zerstückt. Er verabscheut sie, gleichzeitig aber hält er Abstand von ihnen, hält er sie in einer Entfernung, in der die kleinen Unterschiede sich verwischen, in der die Grade und Abstufungen ihrer Schändlichkeit undeutlich werden. Er verfolgt uns, er legt es mit jedem von uns an, zugleich aber weicht er vor uns zurück, scheidet er sich von uns, wahrt er den Abstand eines bestürzten Verwunderns. Am Grunde seiner Schimpfrede ist ein ungewisses Schweigen, eine seltsame Zurückhaltung. Wir dagegen wissen nicht einmal, wie wir uns vor ihm rechtfertigen könnten, so sehr fühlen wir, daß er uns nicht eigentlich aus dem Grunde übelwill, den er vorbringt. Eigentlich hat er nichts mit uns auszumachen. Wir sind nur dazu da, seinen Haß auf uns zu nehmen. Er weiß gar nicht, wer wir sind; wer ihn beleidigt zu haben glaubte, gäbe ihm Stoff zum Lachen. Es scheint, als spräche er sich stets mit jemandem aus, den wir gerade nicht sehen. Diesem unsichtbaren Zuschauer wendet er sich ständig zu, ihm zeigt er uns einfach, für ihn deutet er mit dem Finger auf uns, und das genügt.

Die Ironie Rimbauds hat nichts Geistreiches. Sie ist eine hintergründige Art, die Dinge zu nennen, die achselzuckende Wahl eines Gegenstandes, eines Tatbestandes, um sie auszusprechen mit der Miene «Schaut mir das an, na?», das Auslassen eines Worts, die Weise, die Götter anzurufen, sie zum Zeugen zu nehmen, indem er etwas verschweigt. Wie nichts zu sagen gelegentlich das vollkommenste Lob sein kann, so besteht der Spott Rimbauds darin, ein Beliebiges aufzugreifen und es dann mit Schweigen zu übergehen. Allein der Ton seiner Stimme bezeichnet die Ungeheuerlichkeit, die er dem gewählten Gegenstand findet: «Wenn es euch hinzusehen beliebte, dann würdet ihr 'was Schönes sehen; aber bei der nächsten Sache wäre es nicht anders, denn alles hat den gleichen Wert wie das da, seht es euch nur an!»

Je n'ai rien de plus à te dire, la contemplostate de la Nature m'absorculant tout entier. Je suis à toi, ô Nature, ô ma mère! [18]

Weiter habe ich Dir nichts zu sagen, da die Betrachtifizierung der Natur mich ganz in Arschspruch nimmt. Dein bin ich, o Natur, meine Mutter!

Wir verstehen nun, welches das wahre Wesen von Rimbauds Haß ist: Es ist eine nicht sozial, sondern metaphysisch bestimmte Revolte.

Man muß sich hüten, in Rimbaud einen Bohemien zu sehen; man darf ihm nicht glauben, wenn er sich selbst in seinen ersten Versen als «unanständig wie ein Student» bezeichnet.[19] Er ist weit davon entfernt, ein bloßer Schuft zu sein. Das zerzauste Antlitz, das Fantin-Latour ihm verleiht, ist nicht unwahrscheinlich, doch verführt

---

18) Brief an Ernest Delahaye, Mai 1873. *Œuvres complètes*, S. 288.
19) «débraillé comme un étudiant». (A la musique; *Œuvres complètes*, S. 60)

es dazu, eine falsche Deutung seiner Revolte vorzunehmen. Der Bohemien protestiert gegen die Gesellschaft und ihre Bräuche, gegen die Hierarchie der Klassen, gegen die Regeln, die die Menschen sich selbst auferlegt haben; er gibt vor, alles Künstliche im Leben umzustoßen, alles was der einfachen Natur hinzugefügt wurde. Aber er akzeptiert gewisse Anfänge und Grundlagen des sozialen Gebäudes und auf alle Fälle zumindest die irdische Existenz. Rimbaud verwirft dies alles mit einem Schlag, er erhebt sich gegen die Lebensweise des Menschen, mehr noch: gegen die physische und kosmische Ordnung und Basis des Universums. Dort ist das Unerträgliche: in allem. Zu leben: das ist die Schande! Dasein, ertragen, nachgeben, dauern: das ist es, was man nicht ohne Scham, Ekel und Rachedurst aushalten kann. Es gibt etwas, das einen an die Gurgel greift. «Das rasende Dasein, der Zorn im Blut».[20] Es gibt eine tatsächliche und ätzende Unmöglichkeit «in der Welt zu sein».[21] Der Zorn Rimbauds ist eine Unverträglichkeit im medizinischen Sinne des Wortes. Er kann nichts bei sich behalten, sein ganzer Organismus ist in Verteidigungsstellung gegen einen Zustand des Unwohlseins und eines ursprünglichen, grundlegenden und ständigen Verworfenseins. Er erstickt, er dreht und wendet sich unaufhörlich,

20) «l'existence enragée; la colère dans le sang». (Une Saison en Enfer: Fausse conversion (Entwurf). *Œuvres complètes*, S. 247)

21) «Nous ne sommes pas au monde.» (Une Saison en Enfer: Délires I: Vierge folle. *Œuvres complètes*, S. 299)

doch stets vergeblich. Wenn er fortwährend von zu Hause ausreißt, so ist es ein Aufspringen dieser metaphysischen Wunde. Der Ort, an dem er sich gerade befindet, ist für ihn ein glühendes Inferno, der Platz, den er einnimmt, vertreibt ihn wie mit einer Hand, die etwas wegwischt. Um sein Verweilen unmöglich zu machen, bedarf es nicht der menschlichen Bosheit; allein die Tatsache, daß er an einem Ort ist, sich irgendwo befindet, ist für sich selbst schrecklich genug, um ihn in die Flucht zu schlagen.

Wir haben schon mehrere Passagen aus dem Brief an Delahaye zitiert. Von Anfang bis Ende spürt man deutlich eine Art Wahnsinn, der Rimbaud überkommt, wenn er lange an einem Ort verweilt, fühlt man diese unsichtbare Masse auf ihm lasten, die, wo immer er sich aufhält, ihn erdrückt, gegen die alle seine Wut nicht ausreicht:

Mais ce lieu-ci: distillation, composition, tout étroitesses ...
Mais, en ce moment, j'ai une chambre jolie, sur une cour sans fond, mais de trois mètres carrés. – La rue Victor Cousin fait coin sur la place de la Sorbonne par le café du Bas-Rhin et donne sur la rue Soufflot, à l'autre extrémité. – Là je bois de l'eau toute la nuit, je ne vois pas le matin, je ne dors pas, j'étouffe. Et voilà.[22]

Aber hier: Verflüchtigung, Zusammendrängung, alles ist Enge. Im Augenblick jedoch habe ich ein hübsches Zimmer, das auf einen tiefen Hof hinausgeht, aber nur drei Quadratmeter. – Die Rue Victor Cousin mündet am Eckcafé Bas-Rhin auf die Place de

22) Brief an Ernest Delahaye, Juni 1872. *Œuvres complètes*, S. 286f.

la Sorbonne und führt am anderen Ende auf die Rue Soufflot. – Da trinke ich die ganze Nacht Wasser, bemerke den Morgen nicht, schlafe nicht. Ich ersticke. Das ist es.

Die Welt lastet auf ihm wie die riesige Masse der oberen Stockwerke über seinem Zimmer. Und ihm ist es auferlegt, sie zu ertragen. Er ist an seine Krankheit gefesselt wie an eine Aufgabe. Er bleibt untätig in seinem Zimmer, verbittert, und läßt seinen Haß sich austoben. Gekrümmt, Grimassen schneidend und verwildert, speit er aus, verneint er, schmollt er in monströser Übersteigerung.

Noch ist er nichts als ein Kind, aber schon ist ihm ein großes Martyrium auferlegt worden:

J'ai avalé une fameuse gorgée de poison. – Trois fois béni soit le conseil qui m'est arrivé! – Les entrailles me brûlent. La violence du venin tord mes membres, me rend difforme, me terrasse. Je meurs de soif, j'étouffe, je ne puis crier.[23]

Ich habe eine ungeheure Menge Gift geschluckt. – Dreimal gesegnet sei der Rat, der mir zugekommen ist! – Die Eingeweide brennen mich. Die Gewalt des Gifts verrenkt meine Glieder, entstellt mich, streckt mich zu Boden. Ich sterbe vor Durst, ich ersticke, ich kann nicht mehr schreien.

Nun erst vernehmen wir deutlich den Ton seiner Stimme: Sie ist nicht nur heiser und liederlich, die Umwälzung seines ganzen Wesens ist in sie eingegangen. Er, der spricht, ist bis in die Tiefe aufgewühlt von einem ganz einzigartigen und einsamen Leiden. Seine Schreie

---

23) Une Saison en Enfer: Nuit de l'Enfer. *Œuvres complètes,* S. 226.

sind kein Flehen und Klagen. Wohl ruft er aus: «Immer das gleiche Gestöhn!»;[24] im gleichen Augenblick jedoch denkt er nur daran, wie er alle diejenigen sich entfremden könne, die versucht wären, ihm Hilfe zu bringen. Er vertreibt sie, verhöhnt sie, macht sich so widerwärtig wie möglich, damit ihr Mitleid nicht Gefahr laufe, sich bis zu ihm zu verirren. Er will allein sein:

Peut-être que tu aurais raison de beaucoup marcher et lire. Raison en tout cas de ne pas te confiner dans les bureaux et maisons de famille. Les abrutissements doivent s'exécuter loin de ces lieux-là.[25]

Vielleicht solltest Du viel spazierengehen und lesen. Auf alle Fälle dürftest Du Dich nicht in Büros und im Schoß der Familie einschließen. Verwildern muß man weit von diesen Orten.

Freiwillig entzieht er sich jeder Tröstung, jedem menschlichen Mitgefühl. Denn — und hier fassen wir das Geheimnis Rimbauds — das Übel, an dem er leidet, ist nicht eine Ungerechtigkeit, deren Wiedergutmachung er erhoffen könnte; es ist eine nur ihm zukommende, persönliche Qual, die ihm wie ein geheimnisvolles Vorrecht als Erbteil zugefallen ist.

---

24) «Toujours même geinte, quoi!» (Brief an Ernest Delahaye, Juni 1872. *Œuvres complètes*, S. 286).
25) Ebd.

II

Um das Wesen dieses Vorrechts wohl zu verstehen, müssen wir die Seele Rimbauds aus geringerem Abstand betrachten, sie vollständiger entwirren, als wir es bisher zu tun vermocht haben. Versuchen wir, in ihr den Zug festzustellen, der uns den Schlüssel zu seinem launischen Geist gibt.

Wir wollen zunächst ein zweites Antlitz Rimbauds entdecken, welches das erste uns nicht verbergen sollte. Er ist nicht nur dieser schmutzige Kerl. In ihm ist auch das untadelige Kind. Hinter dem verkniffenen Gesicht steckt ein schönes Antlitz. Doch es erscheint nur, wenn man aufmerkt, wenn man sich einige Augenblicke in Geduld fassen kann. Man könnte einen Vergleich ziehen zu jenen Kupferstichen, die einen ganz anderen Anblick bieten, wenn der Blick länger darauf verweilt. In der Tat, auf den zweiten Blick zeigt sich Rimbaud von einer ungewöhnlichen Schönheit: Seine Züge, wenn sie nicht vom Haß entstellt sind, haben eine unvergleichliche Harmonie, Gradlinigkeit und Klarheit. Selten findet man eine so reine, vollkommene und ungebeugte Jugendlichkeit.

Lassen wir keine der Erscheinungsweisen dieses seltsamen Wesens außer Acht. Da ist der Bettler, der auf der Mansarde, die Théodore de Banville ihm überlassen hatte, seine voll von Ungeziefer steckenden Fetzen aus dem Fenster in den Hof wirft. Aber da ist auch, und gleichzeitig, der wohlerzogene Schüler, der Gymnasiast mit den guten Noten, der Stolz der Schule von Charleville. Rimbaud erhält den Preis für lateinische Verse beim akademischen Wettbewerb 1869. Und wir sehen, wie bei dieser Gelegenheit der Direktor der Schule ihn mit dem gleichzeitig väterlichen und leicht eingeschüchterten Wohlwollen behandelt, das Lehrer hochbegabten Schülern bezeugen.[1] Übrigens hatte Rimbaud ein ausgezeichnetes Verhältnis zu seinen Lehrern: Sie liehen ihm Bücher, und er gefiel sich in ihrer Gesellschaft. Er scheint niemals dem Schlag der Radaubrüder angehört zu haben. Er hatte sogar einen leichten Anhauch von Pedanterie, der den Primus bezeichnet: ein gewisser Hang zum Zitat, eine Vorliebe für gelehrte Begriffe.[2] Seine Urteile über Literatur, selbst die unzutreffendsten, haben den ein wenig doktoralen Ton der Selbstgewißheit. Er schreibt über Louisa Siefert (1845—1877): «Hier ist ein sehr bewegtes und schönes Stück: *Marguerite.*» Und nachdem er es (leider!) zitiert hat, fügt er hinzu: «Das

---

1) Vgl. Paterne Berrichon, *Jean-Arthur Rimbaud.* Paris: Mercure de France, S. 37 ff.

2) Ständig gebraucht er «carolopolitain» für den Einwohner von Charleville.

ist genau so schön wie die Klage der Antigone ἀνύμφη bei Sophokles.»[3]

Wir sehen ihn mitten unter seinen Kameraden, sorgfältig, aber ohne Eleganz gekleidet, mit einer bequemen Jacke und einem kleinen weißen Kragen — einer von denen, die heimischen Geruch in die Schule bringen. Trotz allem ist in ihm etwas von einem braven Kind. In einem Brief an Izambard wird Mme. Rimbaud schreiben: «Ist es möglich, die Dummheit dieses Kindes zu verstehen, er, der gewöhnlich so sittsam und ruhig ist?»[4] Es ist nicht zu sehen, daß er jemals laut gewesen wäre. Er gehörte zu denen, die für einen ganzen Tag mit einem Buch verschwinden, und deren Eltern sich auf einmal fragen: «Aber wo steckt er bloß?» Man könnte fast sagen, er sei schüchtern gewesen.

Sogar in seinen zotigsten Ausbrüchen glaube ich das wohlerzogene Kind wiederzuerkennen, das die unflätigen Ausdrücke aus Unzufriedenheit benutzt. Seine Liederlichkeit, wie real und tief sie auch sein mag, ist doch nur die nach außen gekehrte Seite einer souveränen Vornehmheit. Er ist der verschrieenste Schüler des Gymnasiums, doch weil er der beste, der vollkommenste, der kühnste ist, derjenige, dessen Gefühl den größten Schwung, Freiheit und Anspruch hat. Hinter dem von

3) «J'ai là une pièce très émue fort belle: *Marguerite* ... C'est aussi beau que les pleintes d'Antigone ... dans Sophocle.» (Brief an G. Izambard, 25. August 1870. *Œuvres complètes,* S. 258 f.)

4) *Œuvres complètes,* S. 554.

Wut und Flüchen gekrümmten Kind gilt es den aufrechten keuschen, unversehrten Jungen zu sehen, der «niemals Frauen liebte, obwohl er heißes Blut hatte!»[5]

Die Unschuld Rimbauds: Wie wenig kümmert uns die Frage nach seiner körperlichen Keuschheit! Die Seele jedenfalls, die in diesem Körper lebte, war jungfräulich. Doch, indem wir uns dieses Wortes bedienen, sollten wir uns davor hüten, zarte und zerbrechliche Vorstellungen aufkommen zu lassen, wie es gemeinhin der Fall ist. Im Gegenteil muß man mit dem Begriff den entschiedensten, schärfsten Sinn verknüpfen. Die Seele Rimbauds hat keine zwanghafte Erniedrigung erfahren, ist nicht niedergedrückt und gehemmt durch eine schamvolle Erinnerung, sie hat alle ihre Kräfte bewahrt, ist gewaltsam, angriffslustig. Ihre Reinheit bedeutet Kampf. «Ohne Schwindel wollen wir das Ausmaß meiner Unschuld ermessen.»[6] Rimbaud ist das unschuldige Wesen unter denen, die Vorwürfe verdienen:

Je n'ai point fait le mal. Les jours vont m'être légers. Le repentir me sera épargné.[7]

Ich habe das Böse nicht getan. Die Tage werden mir leicht sein. Die Reue wird mir erspart bleiben.

Wagt es doch, wider ihn Zeugnis abzulegen! Er ist es, der sich im Gegenteil auf uns wirft. In seinem Antlitz ist das

5) Le Désert de l'Amour, Vorwort. *Œuvres complètes,* S. 169.
6) «Apprécions sans vertige l'étendue de mon innocence.» (Une Saison en Enfer: Mauvais Sang. *Œuvres complètes,* S. 225).
7) Ebd. S. 224.

Strahlen seines bevorrechtigten Daseins; sein Blick fällt hierhin und dorthin, blitzend und wild. Ungeheuer der Reinheit und Vollkommenheit! Seine schreckliche, wunderbare Jugend ist nicht zufällig in ihm, ein vorübergehender Augenblick, sie ist seine Seele selbst. Er wurde geschaffen, sein ganzes Leben lang Kind zu bleiben, ein Kind mit unverschrtem, bösartigem Herzen, mit einer tyrannischen Unschuld.

Ohne Übertreibung fast kann man sagen: Rimbaud ist das von der Erbsünde ausgenommene Wesen. Gott hat ihn seinen Händen entrinnen lassen, ohne ihn gebeugt, verletzt, verfälscht zu haben, ohne ihn auf die Bedingtheiten des irdischen Lebens dadurch vorbereitet zu haben, daß er ihn verletzte; er vergaß, etwas seiner Seele zu entziehen. Rimbaud kam heil in die Welt, vollendet, und das will sagen: zu Ende geführt, in jeder Hinsicht gestaltet; vollendet nicht im Sinne des Guten, sondern im Sinne des Seins. Der Engel übertrifft den Menschen anders als durch Reinheit und Weisheit: er hat eine größere Wirklichkeit, ein stärkeres Dasein. In dieser Hinsicht ist Rimbaud ein Engel, ein zorniger Engel. Er ist unberührt, unverletzt ist seine Gottähnlichkeit, er bewahrt in sich, was Gott an ihn gewendet hat. Etwas Überströmendes, wenn auch Unsichtbares, geht von seinem ganzen Wesen aus. In seiner Erscheinung ist etwas Leuchtendes und Gesättigtes, das Heilige auszeichnet. Er ist der fürchterliche Bote, der im Gewitter niedersteigt, aufrecht, der Vollstrecker eines unerbittlichen Spruchs, der Träger des Schwertes.

Willigt man ein, hierin das wahre Bild Rimbauds zu erkennen, wird seine Haltung völlig einsichtig. Zunächst seine Intoleranz, die Unfähigkeit, «in der Welt zu sein», an der er leidet. Denn er ist nicht geschaffen, hier unten zu weilen; er ist unserer Daseinsform nicht angepaßt; er ist nicht vorbereitet auf die Fragen, die das Leben an uns stellt, er vernimmt sie nicht; und diejenigen, die er stellt, finden in unserem Leben keine Antwort. — Wir sollten ihn nicht für einen Unverstandenen halten, den die rohe Wirklichkeit kränkt, der von einem Paradies träumt, wo seine Zartheit geschont würde; im Gegenteil: Er kann sich nicht an die gutmütige Schwächlichkeit unserer irdischen Sitten gewöhnen. Er ist nicht brustschwach, dem Leben nicht gewachsen; im Gegenteil quillt er über von Leben, kann er sich nicht einschränken, ins einfache Leben zurückkehren, darin zur Ruhe kommen. Sie passen nicht zusammen, er und das Leben sind nicht füreinander gemacht:

Je suis dépaysé, malade, furieux, bête, renversé.[8]
Ich bin ausgestoßen, krank, zornig, tierisch, gestürzt.

In der Kloake, in der er zumindest sich verbergen könnte, schlägt er wild um sich. Nein, unheilbar bleibt er an der Oberfläche, es gelingt ihm nicht, in sie einzutauchen.

8) Brief an Georges Izambard, 25. August 1870. *Œuvres complètes,* S. 257.

Und wie der Schmutz der Welt seine Qual ausmacht, so begründet seine wunderbare Unschuld auch seine Gleichgültigkeit der ganzen Menschheit gegenüber, seinen Zorn und Haß. In der Tat, wie sollte dieses kraftvolle und despotische Wesen sich nicht unendlich abgestoßen fühlen von unserer Fähigkeit zu leiden, von unserer Freundschaft mit dem Schmerz, von dieser niedrigen Leichtigkeit des Daseins, von unserer Art, dasjenige anzunehmen, ja zu begehren, was uns aufs tiefste betrüben wird? Freude oder Leid — wir sind Wesen, denen der Weltlauf recht ist. Das Glück ist am Ende für uns nichts als eine Zugabe,[9] und nur damit wir uns nichts vorzuwerfen haben, beklagen wir uns, daß es uns nicht zuerteilt worden sei. Wie wenig Glück es auch in Wirklichkeit gibt, es ist im Grunde richtig bemessen. Mit anderen Worten: Wir befinden uns in vollständiger Harmonie mit diesem Dasein; wir finden uns immer mit ihm ab, welche Streiche es uns auch spielen mag, wir sind seine Komplizen. Das ist es, was Rimbaud ekelt; da er mit seinem ganzen Wesen am Leben leidet, da er schon, indem er atmet, es verdammt und verwirft, da es ihn beleidigt, ob es ihm Freude oder Schmerz zufügt. Mit

9) Vgl. «Je vis que tous les êtres ont une fatalité de bonheur.» (Une Saison en Enfer: Délires II, Alchimie du Verbe. *Œuvres complètes*, S. 237), Will sagen: Ich sah, daß die Menschen, was immer ihnen zustößt, glücklich sind. Sie verfügen über ein mittelmäßiges, starr-beständiges Glück, das keiner Nahrung bedarf. Anders gesagt: Ihnen liegt nicht am wahren Glück, an dem, was ihnen von außen wie eine Botschaft zukäme, an dem Lohn, an der Wahrheit.

derselben Geste, mit der er das Leben verwirft, stößt er uns zurück, die wir es annehmen. Wir sind ein Teil des umfassenden Systems, wo alles schlecht und recht hingeht, das ihn gefangen hält. Wir sind das Volk der «schändlichen Schwächlinge».[10] Uns haßt er maßlos, uns zeigt er die stolze und unerbittliche Grausamkeit eines Wesens fremder Rasse, das anderen Tugenden verpflichtet und anderen Bedürfnissen unterworfen ist. Welche Entschuldigung könnte er akzeptieren? Auf uns kann er keine Rücksicht nehmen. Umso schlimmer für uns! Wir hätten uns nicht beugen sollen. Er kennt uns nicht. Alles ist schon vom Anfang her entschieden. Was kann ihn das nun kümmern, was uns zustößt? — Er ist von uns in einer grundsätzlichen Weise geschieden. In der Tat, was von ihm zu uns dringen kann, ist nur der Haß. Wie sollte er durchschnittliche Gefühle mit uns teilen? Es ist nicht gleiche Währung. Wir kennen die Dankbarkeit, das Mitleid, die Liebe: Alles das läßt sich mitteilen, alles das empfindet man in einer unwürdigen Gemeinschaftlichkeit. Er aber erfährt die Unschuld mit alledem, was sie an Ätzendem, Brennendem und Vereinsamendem hat; sie trennt ihn und uns, sie facht seinen Zorn an wie eine Flamme, die sich nicht verzehrt, in beständiger Glut. Sie nährt die gewaltige Einsamkeit, aus der er ohne Unterlaß die Blitze seines Schimpfs auf uns schleudert.

---

10) «Les infâmes infirmes»: Beth-Saida. *Œuvres complètes,* S. 214.

III

Wir verstehen nun das Geheimnis Rimbauds und halten den Schlüssel zu seiner Dichtung in Händen. Es bleibt uns nur, uns seiner zu bedienen, das heißt, in allen Teilen seines Werkes die Idee der Unschuld zu verfolgen und aufzuspüren.

Doch sagen wir zunächst, um jedes Mißverständnis auszuschließen, in welcher Gestalt wir diesen Gedanken ausgedrückt finden werden, in welcher Weise wir das Werk, das ihn enthält, befragen, ja aushorchen müssen, zu welchem «Geständnis» wir es veranlassen müssen. — Rimbaud hat nichts von einem Philosophen; er ist abstrakter Überlegung völlig unfähig; seine Gedanken weiß er nicht zu trennen, und er kann sie auch nicht in wahrhaft zusammenhängender Ordnung vorstellen:

Moi, je ne puis pas plus m'expliquer que le mendiant avec ses continuels Pater *et* Ave Maria. Je ne sais plus parler![1]

Ich selbst kann mich ebensowenig verständlich machen wie der Bettler mit seinem ständigen *Vaterunser* und *Ave Maria. Ich kann nicht mehr sprechen!*

Keiner seiner Gedanken gelangt zu unterscheidender Klarheit. Keine Entwicklung, keine Entfaltung, keine

1) Une Saison en Enfer: Matin. *Œuvres complètes,* S. 242.

Erklärung; alles bleibt wo nicht vage, so doch Augenblicksgedanke und Rohzustand. Wenn Rimbaud seine ästhetischen Theorien darzulegen unternimmt, so kann er sie nur in plötzlichen, in sich geschlossenen Deklarationen vorbringen, in einer Serie ideologischer Ausbrüche.[2] Er wartet ab, bis eine gewisse Gedankenmenge sich in ihm aufgestaut hat, um sie dann auf einen Schlag sich entladen zu lassen; seine Formeln fassen einen Gedanken nicht zusammen, sie bringen ihn erst hervor; statt ihn zu verdichten, stoßen sie ihn aus. Man darf daher von Rimbauds Gedichten nicht die Ausbreitung eines vollendeten und anerkannten philosophischen Systems verlangen, nicht einmal eine abstrahierende Beschreibung der Idee der Unschuld. Dieser Gedanke ist nicht im Werk enthalten, wenn man ihn darin sucht, ihn ausziehen will. Es gilt ihn einfach aufzuspüren, ihn wie einen großen, gegenwärtigen Körper zu ertasten, dessen Glieder mit denen des Werkes selbst verschmelzen, dessen Verkörperung vielmehr das ganze Werk ist.

Was Rimbaud sagt, hat im Grunde keinen Sinn; ich will sagen, keinen Sinn, der uns beträfe. Sein Ziel ist das Nahe, Unmittelbare, auf ihn selbst Bezogene. Wenn er schreibt, so bemüht er sich darum, sich von seiner Unschuld zu befreien, die ihn erstickt. Die Unvollkommenheit der Welt hält sie gewissermaßen in ihm zusammen-

---

2) Vgl. den Brief an Paul Demeny vom 15. Mai 1871. *Œuvres complètes*, S. 269.

gepreßt, und so sprengt sie fast ihre Behausung. Um der Qual dieser ununterbrochenen inneren Anstrengung zu entgehen, versucht er, sie loszulassen, ihr einen Ausweg zu verschaffen, ihr Raum zu geben, wenigstens in der Vorstellung. Sein Werk ist so wie eine breitere Region, die er seiner Unschuld aufschließt, wie ein Zimmer, das ihrer Größe entspricht, das er ihr einrichtet, wie ein glänzender Leib, den er ihr schafft. Sein Werk hat nur einen Sinn: seiner untadeligen Seele Stoff anzubieten, sie aufzunehmen, sie zu kleiden und zu stützen. Alles darin ist berechnet, nicht um das Verstehen des Lesers auf die vollkommenste Weise zu ermöglichen, sondern um soviel wie möglich von jener unnennbaren Vollkommenheit, die das Herz des Dichters erfüllt, einzufangen, festzuhalten und aufzunehmen.

Es ist deutlich, daß ein solches Werk nach den gewöhnlichen Methoden der Kritik weder untersucht werden kann noch sollte. Es ist ihm nicht angemessen, es zu analysieren; man muß es abtasten, es sozusagen in allen seinen Teilen abschmecken. Man darf es keiner Operation unterwerfen, keinen Auszug wollen. Versuchen wir lediglich, überall die «Unschuld» wiederzuerkennen. — Dies Werk besteht aus Motiven, die musikalischen Themen ähneln, aus Gruppen von Bildern, die von Zeit zu Zeit wiederkehren und sich gegenseitig ergänzen. Versuchen wir nur, in dem wir nach und nach jedes dieser Motive mit eindringlicher Aufmerksamkeit betrachten, es als eines der Gesichter der Unschuld zu zeigen, die als Grundidee dem ganzen Werk immanent ist.

Freilich, dieses ganz bescheidene und respektvolle Vorgehen wird nur dann bis zum Schluß unserer Studie möglich sein, wenn wir am Ende mutiger voranschreiten. Denn wir werden sehen, wie Rimbaud langsam von einer ganz poetischen, übertragenen Vorstellung seiner Unschuld zu einem mehr und mehr präzisen und wörtlichen Ausdruck übergeht, und die letzten Gedichte der *Saison en Enfer* werden uns zu einer in die Einzelheiten gehenden und abstrakten Analyse zwingen.

Nichts scheint die verschiedenen Versstücke miteinander zu verbinden, die Rimbaud vor den *Illuminations* schrieb. Auf den ersten Blick sollte man sie für zufällig, planlos und nach Gelegenheit aufgeschossen halten. Betrachtet man sie jedoch aus größerer Nähe, so bemerkt man, daß sie fast alle aus gleicher Eingebung geboren sind, aus dem gleichen Bedürfnis ihres Schöpfers, aus dem Verlangen, eine Schande darzustellen, eine Deformation ans Licht zu heben, eine Schwachheit oder schädlichen Schmutz. Das Motiv der Schande zieht sich durch alle ersten Gedichte und begründet ihre Einheit.

Les Assis, *Vénus Anadyomène*, *Les Pauvres à l'Église*, *Les Premières Communions* zeigen etwas anderes als ein nur pittoreskes Bild: in ihnen ist eine wilde Anstrengung, irgendeinen Zug menschlicher Verworfenheit ins volle Licht zu setzen. Alles ordnet sich dieser Absicht unter. Rimbaud bemüht sich, seine Beschreibung so lange wie möglich in ruhigen Bahnen zu halten, seine Darstellung in mildem und gewohntem Ton vorzutragen, er bemeistert seine überbordende Ausdruckskraft; dies jedoch nur, um mit einem Schlage, mit stiller und boshafter Lust, wie wenn er plötzlich einen Vorhang wegzöge, das ursprüngliche Gebrechen im Innern eines Gegenstandes, den schändlichen Fehler aufzuzeigen und aufzudecken, durch den alles im Zustande des Verfalls ist:

– Et tout ce corps remue et tend sa large croupe.
Belle hideusement, d'un ulcère à l'anus.[3]

– Und dieser ganze Körper regt und streckt sein breites Kreuz. –
Schön abscheulich durch ein Geschwür am Anus.

Inmitten der mystischen Aufschwünge der Erstkommunikantin reißt er plötzlich den Abgrund jugendlicher Geilheit auf:

Qui dira ces langueurs et ces pitiés immondes?[4]

Wer wird dies Sehnen, dieses schmutz'ge Elend sagen?

Er zeigt, wie die körperliche Wunde sich bis zur Seele frißt und sie vergiftet:

Et mon cœur et ma chair par la chair embrassée
Fourmillent du baiser putride de Jésus.[5]

---

3) Venus Anadyomène. *Œuvres complètes,* S. 55. – Der Dormeur du Val zeigt ein genaueres Gelingen dieses Gemäldes einer universalen Verkommenheit, jedoch auf einer etwas simplen und banalen Ebene.
4) Les Premières Communions. *Œuvres complètes,* S. 91.
5) Les Premières Communions. *Œuvres complètes,* S. 92.

Und mein Herz und mein Fleisch, von deinem Fleisch umfangen, wimmeln vom fauligen Kuß des Herrn.

Er erhebt auf den Flügeln seiner Verse allen Schmutz des Lebens wie einen heroischen und auserwählten Gegenstand (vgl. *Oraison du soir).* Er sieht, findet und feiert triumphierend unsere Unterworfenheit unter das Böse, die umfassende Herrschaft des Unzugänglichen und des Kompromisses über uns:

Tes haines, tes torpeurs fixes, tes défaillances,
Et tes brutalités souffertes autrefois,
Tu nous rends tout, ô nuit pourtant sans malveillances,
Comme un excès de sang épanché tous les mois.[6]

Deinen Haß, dein dumpfes Starren, deine Ohnmacht und deine Grausamkeiten, die einst erlittenen, Du gibst sie uns alle zurück, Nacht, doch ohne bösen Willen, wie ein Übermaß an Blut, das jeden Mond verströmt.

Rimbaud wird nicht ausführlich, wenn er die körperlichen Tatsachen der Liebe beschreibt; darin ist er ohne Zweifel nicht besonders bewandert: nichts Naiveres als die *Première Soirée.*[7] Aber er hat eine Vorliebe für Latrinen, da gefällt er sich. Dorthin führt er die Erstkommunikantin:

Elle passa sa nuit sainte dans les latrines.[8]

Die heil'ge Nacht blieb sie in der Latrine.

---

6) Les Sœurs de Charité. *Œuvres complètes,* S. 86.
7) *Œuvres complètes,* S. 40 (Der Titel wechselt: s. a. «Comédie en trois baisers»).
8) Les Premières Communions. *Œuvres complètes,* S. 91.

und ebenso den «Dichter von sieben Jahr»:

Il pensait là, tranquille et livrant ses narines.[9]

Dort dachte er, ruhig und die Nüstern blähend.

Es ist in der Tat ein Ort menschlicher Erniedrigung, der Punkt, an dem wir ohne Unterlaß mit der Ursünde verbunden sind, mit Verfall und Tod. Rimbaud erscheint die dort vollzogene Leibesfunktion in abscheulicher Weise allgemeingültig, eindeutiges Zeugnis unserer Entartung.

Denn es gilt, den tieferen Sinn dieser Schmutzgemälde wohl zu verstehen. Ein unverletztes Wesen stellt hier die irdische Schwäche fest, ein von der Sünde Ausgenommener betrachtet hier die Sünde und ihre Folgen. — Zweifellos darf man diese Bilder nicht für gänzlich keusch ausgeben wollen. Rimbaud besitzt nicht die strenge Gleichgültigkeit, das Stirnrunzeln, das die biblischen Propheten bis in ihre rohesten Verwünschungen hinein bewahren. Man kann nicht leugnen, daß er in der Beschreibung irdischer Scheußlichkeiten eine gewisse Wollust findet. Er zeichnet das Bild nicht ohne eine Art Anteilnahme; man spürt das schmierige und gleichzeitig reine Vergnügen, das er daran hat, in seine Gedichte die Fülle menschlicher Entartungen eingehen zu lassen. Nicht nur Ekel ist in diesen Versen:

---

9) Les Poètes de sept ans. *Œuvres complètes,* S. 77. – Erinnern wir auch an das Gedicht mit dem Titel «Accroupissements» *(Œuvres complètes,* S. 76).

Mon triste cœur bave à la poupe,
Mon cœur est plein de caporal:
Ils y lancent des jets de soupe,
Mon triste cœur bave à la poupe . . .[10]

Mein traurig Herz speit auf dem Deck, mein Herz, voll stinkendem Tabak: Sie bespritzen es mit Suppe. Mein traurig Herz speit auf dem Deck.

Bei der Berührung mit dem Schändlichen empfindet er eine niedrige und komplizenhafte Lust. — Doch ist dies nichts als eine Umkehrung seiner unerbittlichen Schamhaftigkeit, eine Ausschweifung wider seine jungfräuliche Seele. Selbst wenn er im Schmutz wühlt, sucht er im Abgrund doch nur sein Vorrecht darzutun, und er lacht, wenn er es darin findet. Alles Böse der Welt geht durch ihn hindurch, und vielleicht ist es ihm eine Wonne, es abgleiten zu fühlen. Denn am Ende reinigt er sich davon, treibt er den Strom wieder zurück, um sein unversehrtes Sein am Ursprung wieder zu ergreifen.

In anderen Worten: Die ersten Gedichte Rimbauds stellen eine Art Negativbild seiner Unschuld dar. Sie erscheint darin nicht selbst. Was uns gezeigt wird, ist gerade das Gegenteil, die Welt, soweit sie verfehlt ist, soweit sie der Vollkommenheit entbehrt, die sie besitzen müßte. Dies aber heißt die Unschuld gegenwärtig werden zu lassen, denn nur von ihr kann die Welt als verdorben erkannt werden. Ihre Darstellung trägt die umgekehrten Male seiner Betrachtung; wir erblicken die

10) Le Cœur du Pitre. *Œuvres complètes,* S. 80.

Welt wie geätzt von seinem grausamen Blick. Mag die Unschuld auch unsichtbar sein, sie ist ganz nah.

In den *Illuminations* endlich unternimmt sie es, sich selbst zu manifestieren. Nichts Seltsameres und Bewegenderes als ihre Anstrengung, sich in Worte zu fassen, die Umwege und tausend angewandten Listen, um endlich dichterisches Dasein anzunehmen.

In einige Sätze der *Illuminations* ist es ihr gelungen, fast ganz rein einzugehen:

Des fleurs magiques bourdonnaient. Les talus le berçaient. Des bêtes d'une élégance fabuleuse circulaient.[11]

Magische Blumen summten. Die Böschungen wiegten es. Tiere von märchenhafter Eleganz schwärmten umher.

Un Génie apparut, d'une beauté ineffable, inavouable même.[12]

Ein Genius erschien, von unsagbarer, ja geradezu unerlaubten Schönheit.

... la terrible célérité de la perfection des formes et de l'action![13]

Die schreckliche Schnelligkeit, mit der Gestalten und Tat sich vollenden.

Am häufigsten jedoch verkörpert sie sich in Bildern, die uns eher ein Gefühl von ihr als eine Vorstellung vermitteln. — Zunächst ist da die Gruppe der Bilder von Metall und Unbeflecktem. Ununterbrochen nennt der Dichter, als fände er dabei eine geradezu taktile Lust

---

11) Les Illuminations: Enfance. *Œuvres complètes,* S. 177.
12) Les Illuminations: Conte. *Œuvres complètes,* S. 179.
13) Les Illuminations: Génie. *Œuvres complètes,* S. 206.

oder einen wundersamen, rätselhaften Beistand, künstliche, kostbare, unverderbliche Materialien, reine, seidig-kühle Stoffe:

... dans les herbages d'acier et d'émeraude.[14]

Unter Gräsern aus Stahl und Smaragd.

... sous l'éclatante giboulée.[15]

Unter dem aufblitzenden Hagelschauer.

... sur la soie des mers et des fleurs arctiques.[16]

Über der Seide der Meere und arktischer Blumen.

Les brasiers, pleuvant aux rafales de givre.[17]

Die Gluten, weinend in den Stürzen von Eis.

... des bouquets de satin blanc et de fines verges de rubis entourent la rose d'eau.[18]

Sträuße von weißem Satin und zarte Ruten aus Rubin umgeben die Wasserrose.

Et ses yeux et sa dance supérieurs encore aux éclats précieux, aux influences froides, au plaisir du décor et de l'heure uniques.[19]

Und ihre Augen und ihr Tanz übertreffen noch den kostbaren Glanz, die kalten Einflüsse, die Lust am Schmuck und der Stunde, die einmal nur sind.

Diese harten, wohlgewappneten Wörter, und die beständigen, intakten, sich nicht abnützenden Dinge, die

---

14) Les Illuminations: Mystique. *Œuvres complètes,* S. 193.
15) Les Illuminations: Après le déluge. *Œuvres complètes,* S. 175.
16) Les Illuminations: Barbare. *Œuvres complètes,* S. 198.
17) Ebd.
18) Les Illuminations: Fleurs. *Œuvres complètes,* S. 195.
19) Les Illuminations: Fairy. *Œuvres complètes,* S. 204.

sie in das Gedicht hineintragen, was leisten sie anders als das in sich aufzunehmen, was an Unbeugsamen in Rimbauds Seele ist? Nichts ist in ihnen, was nicht durchgeführt, was nicht gänzlich vollendet wäre. In ihnen sieht man keine Abrundungen, nachgiebige Seiten, die abgestumpften und verschliffenen Kanten, welche Berührung und Reibung den Naturgegenständen verleihen. Sie bieten dem Dichter ihren abgezirkelten Umriß, ihre harte Widerständlichkeit, ihren fehlerlosen Stoff. Daher bespricht er sie, wie man einen Talisman mit Zaubersprüchen auflädt, um ihnen die innere Reinheit zu übertragen, die seine Qual ist:

Aux heures d'amertume je m'imagine des boules de saphir, de métal.[20]

In den Stunden der Bitternis stelle ich mir saphirne und metallene Kugeln vor.

Den gleichen Gebrauch macht er von der Naturwissenschaft und der Schleppe von Bildern, die sie nach sich zieht.

In den *Illuminations* gibt es ein Wissenschafts-Motiv: am Grunde aller Visionen erheben sich ihre Gestelle, ihre unerhörten Erfindungen, ihre künstliche Gottheit. Aber sie ist nicht um ihrer selbst willen anwesend. Sie leiht ihr Gesicht einem Geheimeren, das sich nicht selbst enthüllen kann, sie ersetzt die jungfräuliche Reinheit, stellt sie vor, personifiziert sie. Tatsächlich hat sie

20) Les Illuminations: Enfance. *Œuvres complètes,* S. 178.

dunkle, doch überraschende Ähnlichkeiten mit ihr. Zunächst versucht sie, die Zukunft umzugestalten in Hinsicht auf eine größere Strenge, vollkommenere Genauigkeit. Ohne die Tragweite seiner Frage zu ermessen, schreibt Rimbaud:

Se peut-il . . . Que les accidents de féerie scientifique et des mouvements de fraternité sociale soient chéris comme restitution progressive de la franchise première? . . .[21]

Wäre es möglich, daß die sich zutragenden wissenschaftlichen Märchen und die Regungen gesellschaftlicher Verbrüderung als die fortschreitende Wiederherstellung der alten Freiheit geliebt würden?

Visionen einer monströsen Bequemlichkeit, die sie bewirkt: «Die Fantome des künftigen nächtlichen Luxus»;[22] das arbeitsame, angenehme und erbarmungslose Leben, das sie vorbereitet: «Sport, märchenhafte Spiele und vollkommene Bequemlichkeit und den Lärm und die Bewegung und die Zukunft, die sie gestalten.»[23]

Repos et vertige
A la lumière diluvienne,
Aux terribles soirs d'étude.[24]

Ruhe und Taumel in sintflutlichem Licht an den schrecklichen Abenden des Forschens.

---

21) Les Illuminations: Angoisse. *Œuvres complètes,* S. 196 f.
22) «les fantômes du futur luxe nocturne» (Les Illuminations: Vagabonds. *Œuvres complètes,* S. 190).
23) «sports, féeries et confort parfaits, et le bruit, le mouvement et l'avenir qu'ils font» (Les Illuminations: Solde. *Œuvres complètes,* S. 208).
24) Les Illuminations: Mouvement. *Œuvres complètes,* S. 201.

In einem Wort, die winzigen, unwägbaren Anpassungen des Willens ersetzt die Wissenschaft durch einen unerschütterlichen Automatismus und durch ein abstraktes Funktionieren allmächtiger Maschinen: «Ihre Einsamkeit ist erotische Mechanik; ihre Mattigkeit die Dynamik der Liebe.»[25] Alles dies sind freilich abgelegene, doch auf wunderbare Weise treffende Bilder der ursprünglichen Unversehrtheit, der «ersten Freiheit». Die Wissenschaft setzt in der Zukunft einen Ausgleich für das, was der Mensch am tiefsten Grunde seiner Vergangenheit verlor. Deshalb wird Rimbaud nicht müde, ihren Aufschwung und Triumph zu beschwören; es scheint ihm, als seien ihre Siege die seines bedrückten Herzens. Am Tage ihrer endgültigen Herrschaft wird die Wissenschaft, nachdem sie uns in künstlich hermetische Abgeschlossenheit gehüllt hat, den ruhigen, einsamen und vertieften Menschen in einem erschreckenden Wirbel fortführen:

Le mouvement de lacet sur la berge des chutes du fleuve,
Le gouffre à l'étambot,
La célérité de la rampe,
L'énorme passade du courant
Mènent par les lumières inouïes
Et la nouveauté chimique
Les voyageurs entourés des trombes du val
Et du strom.[26]

---

25) «sa solitude est la mécanique érotique; sa lassitude, la dynamique amoureuse.» (Les Illuminations: H. *Œuvres complètes,* S. 202).
26) Les Illuminations: Mouvement. *Œuvres complètes,* S. 201.

Das Schlingern über dem Steilufer der Flußfälle, der Schlund am Hintersteven, die Schnelligkeit des Absturzes, das ungeheure Gefälle der Strömung führen die Reisenden durch unerhörte Lichtströme und die chemische Neuheit, umgeben von den Windhosen des Tals und des Stroms.

Aber liegt nicht gerade hier die Befreiung, welche die Unschuld sich erträumt, die Erleichterung, die sie braucht? Indem er sich das Meteorschiff, das ebenso zu Lande wie zu Wasser zu fahren scheint, und die ungewöhnliche Unerschütterlichkeit seiner Passagiere in die Vorstellung ruft, empfindet Rimbaud die gleiche Erleichterung, als befreite er den Leib dieses Unversehrten in ihm, als würfe er für einen Augenblick allen Ballast, der es niederdrückt, von sich und gäbe ihm Raum, der ihm fehlt.

Aber noch auf eine andere Weise dient die Wissenschaft der Unschuld zum Zeichen: durch ihren rohen, fahlen und grausigen Anblick.

Toutes les monstruosités violent les gestes atroces d'Hortense.... O terrible frisson des amours novices sur le sol sanglant et par l'hydrogène clarteux![27]

Alle Ungeheuerlichkeiten vergewaltigen die grausigen Gesten Hortenses. O schrecklicher Schauer unerfahrener Liebschaften auf dem blutigen Boden und im hellen Leuchten der Gasflammen!

Das Menschenleben, gerade durch seine Unvollkommenheit, ist geschmeidig und wohlgeordnet; alles darin

27) Les Illuminations: H. *Œuvres complètes,* S. 202 f.

gut eingerichtet und verdeckt, alle seine Äußerungen sind gezähmt. In der Wissenschaft dagegen ist alles rein, neu, beißend, scharf und gräßlich, wie wenn auf dem Operationstisch, unter dem künstlichen Licht, welches von der Decke fällt, ein gänzlich nacktes Kind mit dem Skalpell seziert wird. Die Wissenschaft ist bestimmt, die unmenschliche Klarheit, den Strahl und Schrecken dieser Antithese zum Leben auszudrücken: der jungfräulichen Reinheit. — Wie merkwürdig dies auch scheinen mag, so ist doch selbst das, was an Verbrecherischem der Wissenschaft anhaftet, noch ein Symbol der Unschuld:

L'élégance, la science, la violence![28]

Die Eleganz, Wissenschaft, die Gewalttätigkeit!

. . . le brisement de la grâce croisée de violence nouvelle![29]

Das Zerbrechen der Gnade, durchkreuzt von neuer Gewalt!

Es ist im Fortschritt der Wissenschaft eine Gleichgültigkeit, die ich nicht zu beschreiben weiß, ein fortdauernder Anschlag auf das Leben, der an die Wildheit eines ungezähmten Wesens erinnert, eines jungen Dämons, dessen Bewegungen alle, ohne es zu wollen, verletzen und zerstören.[30] Unterdrückung der Schwachen und Kranken, Reduzierung der Gegenstände des Mitleids auf ein Mindestmaß: «Krepieren muß die Welt,

---

28) Les Illuminations: Matinée d'Ivresse. *Œuvres complètes*, S. 184.
29) Les Illuminations: Génie. *Œuvres complètes*, S. 206.
30) Vgl.: «Princesses de démarche et de costume tyranniques» (Les Illuminations: Enfance. *Œuvres complètes*, S. 176).

wie sie heute läuft. Das ist der wahre Fortschritt. Vorwärts los!»[31]

Dieses der Wissenschaft geheim implizite Programm, ist es nicht auch der rasende Wille der unschuldigen Seele? Stürzt ihr tiefstes Verlangen nicht gerade darauf zu?

«Hier kommt die Zeit der *Mörder.*»[32]

Neben das Wissenschafts-Motiv kann man füglich jenes des Übermaßes, der Ungeheuerlichkeit, der Monstruosität stellen, das ebenfalls die *Illuminations* von Anfang bis Ende durchzieht:

Enfantes et géantes, superbes noires dans la mousse vert-de-gris.[33]

Infantinnen und Riesinnen, herrliche Negerinnen im graugrünen Schaum.

On a reproduit dans un goût d'énormité singulier toutes les merveilles classiques de l'architecture.[34]
Man hat in einem seltsamen Geschmack für das Ungeheuerliche alle klassischen Wunder der Architektur wiedererrichtet.

Au service des plus monstrueuses exploitations industrielles ou militaires.[35]

Im Dienst der abscheulichsten industriellen oder militärischen Ausbeutungen.

---

31) «la crevaison pour le monde qui va. C'est la vraie marche. En avant route!» (Les Illuminations: Démocratie. *Œuvres complètes,* S. 204).
32) «Voici le temps des ASSASSINS.» (Les Illuminations: Matinée d'Ivresse. *Œuvres complètes,* S. 185).
33) Les Illuminations: Enfance. *Œuvres complètes,* S. 176.
34) Les Illuminations: Villes. *Œuvres complètes,* S. 191.
35) Les Illuminations: Démocratie. *Œuvres complètes,* S. 204.

Ma camarade, mendiante, enfant monstre![36]

Meine Freundin, Bettlerin, Riesenkind!

Stets beruft der Dichter Phantome, die alle, man weiß nicht recht, etwas Unmäßiges und Unmenschliches gemein haben, eine Art von zusätzlicher Wirklichkeit, ein wundersames «Mehr», eine festgelegte Unverschämtheit und Gesundheit, die sich aus einer anderen Weltordnung herleitet:

Il y a quelques jeunes, – comment regarderaient-ils Chérubin? – pourvus de voix effrayantes et de quelques ressources dangereuses. On les envoie prendre du dos en ville, affublés d'un luxe *dégoûtant.*[37]

Es gibt da einige junge Leute – wie sollten die wohl den Cherubin betrachten? – ausgestattet mit erschreckenden Stimmen und gefährlichen Kräften. Man schickt sie, mit widerlichem *Luxus* versehen, in die Stadt, damit sie den Buckel vollkriegen.

Un Génie apparut, d'une beauté ineffable, inavouable même. De sa physionomie et de son maintien ressortait la promesse d'un amour multiple et complexe! d'un bonheur indicible, insupportable même! Le Prince et le Génie s'anéantirent probablement dans la santé essentielle.[38]

Ein Genius erschien, von unsagbarer, ja unerlaubter Schönheit. Von seinem Gesicht und seiner Haltung ging das Versprechen einer vielfachen und allumfassenden Liebe aus! eines unsagbaren, ja unerträglichen Glücks! Der Fürst und der Genius verzehrten sich wahrscheinlich in der wesentlichen Gesundheit.

---

36) Les Illuminations: Phrases. *Œuvres complètes,* S. 185.
37) Les Illuminations: Parade. *Œuvres complètes,* S. 180.
38) Les Illuminations: Conte. *Œuvres complètes,* S. 179.

Diese Ungeheuer unterscheiden sich vom Durchschnittswesen niemals durch irgendeine Verunstaltung, sondern einfach durch die absolute Vollkommenheit aller ihrer Organe; sie parodieren nicht den Normalmenschen, sondern vollenden ihn, bringen ihn auf einen Gipfel der Entwicklung.

Von hier aus ist es leicht einzusehen, welches ihre wahre Rolle ist und aus welch tieferem Grund sie im Gedicht erscheinen. Indem er sie beruft, gehorcht Rimbaud keineswegs einer Vorliebe für das Malerische; er denkt nicht an einen literarischen Effekt, nichts Romantisches ist in seinem Werk, keine Vergröberung und Übertreibung; wenn er seine Riesengestalten schafft, so versucht er nicht, etwas zu konstruieren, das anderes übertrifft. Im Gegenteil findet er in ihnen die Bilder, die sein eigenes Übertreffen ausdrücken, den Überschuß seiner Seele gegenüber dem Leben, den Zustand des Aus-dem-Lot-Seins, in den ihn seine Unschuld versetzt. Diese ist es, welche hier unter einer neuen Gestalt erscheint. Wir sehen sie von neuem inmitten der Worte aufbrechen, wie einen Gott, der aus der Tiefe des Meeres aufsteigt. Weit entfernt, etwas aufzublähen oder zu überdehnen, fassen die Worte kaum die Ungeheuerlichkeit, aus der sie heraufkommen. Die Unschuld besitzt die Seele des Dichters, sie bedrängt und zwängt sie, sie entwindet sich plötzlich, triumphiert, entreißt ihm ein Wort, stärker als das beabsichtigte, eine Berichtigung im Sinne des Bedeutenderen, sie erschafft unmittelbar «die gewaltige Gärung dieses Geschehens».[39]

Mit dem Erreichen dieser Fülle gibt sie sich zufrieden, ist sie gesättigt, und man verspürt die ausbrechende trokkene Lust, die Rimbaud bei ihrer Explosion genießt:

O mon *Bien!* O mon *Beau! Fanfare atroce où je ne trébuche point! Chevalet féerique, Hourra pour l'œuvre inouïe et pour le corps merveilleux, pour la première fois!*[40]

O *mein* Gutes! O *meine* Schönheit! Schreckliche Fanfare, bei der ich nicht strauchle! Märchenhafte Staffelei! Ein Hurra dem unerhörten Werk und dem wunderbaren Leib, das erste Mal!

Zuweilen entlädt sich diese fürchterliche Unschuld, indem sie den Wörtern Gewalt antut, fast ohne sich an ihren Sinn zu kehren, indem sie sie in heulendem Sturm vor sich herjagt, wie eine Wolke brühenden Dampfes: Der langsam und vorsichtig begonnene Satz verwirrt sich plötzlich, der Überdruck entlädt sich nach oben,[41] entfesselt, strömt zischend aus, teilt den Lippen ein schreckliches Zittern mit:

Des routes bordées de grilles et de murs, contenant à peine leurs bosquets, et les atroces fleurs qu'on appellerait cœurs et sœurs, Damas damnant de longueur.[42]

39) «la saveur forcenée de ces effets» (Les Illuminations: Being Beauteous. *Œuvres complètes,* S. 181).

40) Les Illuminations: Matinée d'Ivresse. *Œuvres complètes,* S. 184.

41) Vgl. «Reprenons l'étude au bruit de l'œuvre dévorante qui se rassemble et remonte dans les masses.» (Les Illuminations: Jeunesse. *Œuvres complètes,* S. 207).

42) Les Illuminations: Métropolitain. *Œuvres complètes,* S. 197 – Var. (Rivière): «Ces routes . . . damas damnant de langueur.»

Straßen, umgefaßt von Gittern und Mauern, die kaum ihre Büsche fassen, und die gräßlichen Blumen, die man Herzen und Schwestern nennen könnte, verdammter Damast des Ermattens.

Gelegentlich tritt der Satzzusammenhang ganz zurück; indem der Satz gleichzeitig der Idee der Unschuld zu voller Entfaltung verhilft, räumt er ihr eine wiedergewonnene Fülle ein, ermöglicht er ihr, sich in ihrer ganzen Weite wieder auszudehnen. Die Wörter knirschen, bilden Zwischenräume, trennen sich von einander mit der Anstrengung eines aus der Verpuppung brechenden Insekts:

(O palmes! diamant! – Amour! force! – plus haut que toutes joies et gloires! – de toutes façons, partout, – Démon, dieu, – jeunesse de cet être-ci: moi!)[43]

(O Palmen! Diamant! – Liebe, Kraft! – Höher als alle Freuden, aller Ruhm! – Auf jede Art, überall – Dämon, Gott, – Jugendlichkeit dieses Wesens: Ich!)

Ständig und überall unter den Sätzen und Bildern sieht man jenen «wunderbaren Leib» auftauchen,[44] der ihren engen Zusammenhalt auflöst, erblickt man das schaumgeborene Monstrum, den erstarrten Cherubin «mit den riesigen blauen Augen und schneeigen Formen»:[45] «Deine Brust gleicht einer Zither, Glocken-

---

43) Les Illuminations: Angoisse. *Œuvres complètes,* S. 197 – Var. (Rivière): «de toute façon; partout, démon, dieu; jeunesse de cet être-ci: moi.»

44) «le corps merveilleux» (Les Illuminations: Matinée d'Ivresse. *Œuvres complètes,* S. 184).

45) «aux énormes yeux bleus et aux formes de neige» (Les Illuminations: Fleurs. *Œuvres complètes,* S. 195).

klänge kreisen in deinen blonden Armen.»[46] «Er ist die Liebe, vollkommenes und neu erfundenes Maß, wunderbare und unverhoffte Vernunft, und die Ewigkeit, geliebte Mechanik der verhängnisvollen Gaben.»[47]

Es ist der Genius, dem wir wohl oder übel folgen, außer Atem hinter seinen schwindelerregenden Flügen.[48] Wir erwarten *seinen Tag*. Und wir stellen uns vor: «seinen Leib! die *erträumte Befreiung*,[49] das Zerbrechen der Gnade, durchkreuzt von neuer Gewalt!»[50]

Ganz benachbart dem letztuntersuchten Motiv ist das des einsamen Wesens, welches einem anderen Geschlecht angehört, keine Verwandtschaft hat, keine Funktion, nicht eine Beziehung zur Menschheit:

A vendre les corps sans prix, hors de toute race, de tout monde, de tout sexe, de toute descendance![51]

Zu verkaufen: die unbezahlbaren Leiber, außerhalb jeder Rasse, jeder Gesellschaft, jeden Geschlechts, jeder Abkunft!

---

46) «Ta poitrine ressemble à une cithare, des tintements circulent dans tes bras blonds.» (Les Illuminations: Antique. *Œuvres complètes,* S. 180) Var. (Rivière): «Sa poitrine ... ses bras».

47) «Il est l'amour, mesure parfaite et réinventée, raison merveilleuse et imprévue, et l'éternité: machine aimée des qualités fatales.» (Les Illuminations: Génie. *Œuvres complètes,* S. 205).

48) Vgl. «O ses souffles, ses têtes, ses courses» (Les Illuminations: Génie. *Œuvres complètes,* S. 206).

49) Vom Autor hervorgehoben. (Anm. des Übers.)

50) «son corps! le dégagement rêvé, le brisement de la grâce croisée de violence nouvelle!» (Les Illuminations: Génie. *Œuvres complètes,* S. 206).

51) Les Illuminations: Solde. *Œuvres complètes,* S. 208.

Schon im Vorwort der *Déserts de l'Amour* stellte sich Rimbaud selbst als ein gänzlich einsames, von unserem Leben abgeschnittenes Wesen vor:

Ces écritures-ci sont d'un jeune, tout jeune homme, *dont la vie s'est développée n'importe où; sans mère, sans pays, insoucieux de tout ce qu'on connaît, fuyant toute force morale . . .*[52]

Diese Schriften hier sind von einem jungen, ganz jungen Mann, dessen Leben gleichgültig wo angefangen hat, ohne Mutter, ohne Heimat, unbekümmert um alles was man kennt, jeden moralischen Zwang fliehend . . .

Die seltsamen Bewohner der *Illuminations* sind in keinem Heimatland registriert, an keinen Ort und keine Zeit gebunden. Bemerkenswert ist der häufige Gebrauch des Wortes *tout* in Rimbauds Gedichten. Es ist das indefinite Adjektiv: es zeigt die vollständige Abwesenheit von Begrenzungen, Einschränkungen, Bestimmungen an:

Enfant, certains ciels ont affiné mon optique; tous les caractères nuancèrent ma physionomie.[53]

Als Kind haben gewisse Himmelsstimmungen mein Augenmaß verfeinert, alle Eigenheiten schattierten meine Züge.

Toutes les possibilités harmoniques et architecturales s'émouvront autour de ton siège.[54]

Alle harmonischen und architektonischen Möglichkeiten werden um deinen Thron schwingen.

---

52) Les Déserts de l'Amour. Avertissement. *Œuvres complètes,* S. 169.
53) Les Illuminations: Guerre. *Œuvres complètes,* S. 205.
54) Les Illuminations: Jeunesse. *Œuvres complètes,* S. 208.

Der Dichter scheint uns fortwährend an einem geheimnisvollen Ort, wo er sich gleichzeitig auf der Ebene alles Seienden befindet, wo seine Seele allen Zeiten, allen Welten gleich wird und mit unerhörter Leichtigkeit quer durch die Kulturen schweift:

Exilié ici, j'ai eu une scène où jouer les chefs-d'œuvre dramatiques de toutes les littératures.[55]

Hier ausgestoßen, bekam ich eine Bühne, auf der ich die dramatischen Meisterwerke aller Literaturen aufführen konnte.

Dans un grenier où je fus enfermé à douze ans j'ai connu le monde, j'ai illustré la comédie humaine. Dans un cellier j'ai appris l'histoire. A quelque fête de nuit dans une cité du Nord j'ai rencontré toutes les femmes des anciens peintres.[56]

Auf einem Dachboden, wo ich mit zwölf Jahren eingeschlossen wurde, habe ich die Welt kennengelernt, die menschliche Komödie illustriert. In einem Keller lernte ich die Geschichte. Bei irgendeinem nächtlichen Fest in einer Stadt des Nordens traf ich alle Frauen der alten Maler.

Er ist in allem, er ist nirgendwo; erst jenseits unserer Grenzen entfaltet er sich:

J'ai horreur de la patrie.[57]

Die Heimat ekelt mich.

In der *Saison en Enfer* gewinnt das Thema der Einsamkeit unter Menschen neue Gewalt; es wandelt sich zum Motiv des Heiden, des Negers:

---

55) Les Illuminations: Vies. *Œuvres complètes,* S. 182.
56) Ebd.
57) Une Saison en Enfer: Mauvais Sang. *Œuvres complètes,* S. 222.

Si j'avais des antécédents à un point quelconque de l'histoire de France!
Mais non, rien.
Il m'est bien évident que j'ai toujours été de race inférieure.[58]

Wenn ich nur Vorfahren an irgendeinem Zeitpunkt der Geschichte Frankreichs besäße! – Aber nein, nichts. Es ist mir völlig klar, daß ich immer zu einer minderwertigen Rasse gehört habe.

Je n'en finirais pas de me revoir dans ce passé. Mais toujours seul; sans famille; même, quelle langue parlais-je?[59]

Nie könnte ich aufhören, mich in dieser Vergangenheit zu spiegeln. Doch stets allein, ohne Familie, ja, welche Sprache sprach ich?

Le sang paien revient![60]

Das heidnische Blut kehrt zurück!

Oui, j'ai les yeux fermés à votre lumière. Je suis une bête, un nègre.[61]

Ja, ich habe die Augen vor eurem Licht verschlossen. Ich bin ein Tier, ein Neger.

Was endlich aber versucht Rimbaud mit solcher Betonung seiner Isolation verstehen zu geben? — Daß er von uns in einer grundsätzlichen Weise geschieden ist, daß er nicht nach demselben Vorbild geschaffen ist wie wir. Wieder einmal sehen wir hier, in einer deutlicheren, eingestandeneren Weise als in den vorangegangenen Motiven, die durchgehende Idee seiner Unschuld

---

58) Ebd. S. 220.
59) Une Saison en Enfer: Mauvais Sang. *Œuvres complètes,* S. 221.
60) Ebd.
61) Ebd. S. 223.

erscheinen. Heide, das meint: vor der Erlösung entstanden, meint: noch vor dem Sündenfall.[62] Er will uns bedeuten, daß er nicht jenem Verfall unterlegen ist, den wir unser ganzes Leben lang wettzumachen bemüht sind. Der Abgrund zwischen ihm und uns besteht darin, daß er nicht erlöst zu werden braucht; bei ihm hat die Taufe keinen Sinn. Wenn er sie trotzdem erhielt, so hat man sie ihm auferlegt, ohne zu verstehen, daß sie ihm Gift war:

Je suis esclave de mon baptême. Parents, vous avez fait mon malheur et vous avez fait le vôtre. Pauvre innocent![63]

Ich bin Sklave meiner Taufe. Eltern, ihr habt mein Unglück bewirkt und das eure. Armer Unschuldiger!

Gewaltsam in unsere Reihen gedrängt, kann er unserem Schicksalsweg doch nicht folgen. Unserem Treiben, unseren Besorgnissen gegenüber verhält er sich gleichgültig. Wenn er sich an seine Unschuld wendet, die er in sich trägt wie ein zweites Ich, so spricht er zu ihr:

Ma camarade, mendiante, enfant monstre! comme ça t'est ègal, ces malheureuses et ces manœuvres, et mes embarras.[64]

Meine Freundin, Bettlerin, kindliches Ungeheuer! Wie gleichgültig dir das ist, diese Unglücklichen, diese Intrigen und meine Verlegenheit.

---

62) Das ist der Sinn von «Je n'ai jamais été chrétien.», das wir weiter oben finden werden.

63) Une Saison en Enfer: Nuit de l'Enfer. *Œuvres complètes,* S. 226.

64) Les Illuminations: Phrases. *Œuvres complètes,* S. 185.

In allen unseren Verhaltensweisen erkennt er ein Element umständlicher Schwäche:

Et l'embarras des pauvres et des faibles sur ces plans stupides![65]

Und die Armen und Schwachen, die bei so albernen Plänen nicht aus noch ein wissen!

Er geht an uns vorbei, allein, zerstreut, ein Spötter mit schrecklicher Muße:

Mais! qui a fait ma langue perfide tellement, qu'elle ait guidé et sauvegardé jusqu'ici ma paresse? Sans me servir pour vivre même de mon corps, et plus oisif que le crapaud, j'ai vécu partout.[66]

Aber wer machte meine Zunge so bösartig, daß sie bis hierhin meine Faulheit leiten und bewahren konnte? Ohne mich meines Körpers, selbst für den Lebensunterhalt, bedient zu haben, untätiger als die Kröte, habe ich bisher gelebt.

Er betrachtet uns, die wir über unsere Tätigkeit gebeugt sind, als Opfer der Arbeit, welche eben die Strafe der Erbsünde ist, von der er, durch seine wundersame Ausnahmestellung, sich entbunden findet; er sieht uns an und lacht:

J'ai horreur de tous les métiers. Maîtres et ouvriers, tous paysans, ignobles. La main à plume vaut la main à charrue. – Quel siècle à mains! – Je n'aurai jamais ma main.[67]

Ich verabscheue jedes Handwerk. Meister und Arbeiter, alles unwürdiges Gesindel. Die Hand mit der Feder taugt soviel wie die Hand am Pflug. Was für ein Zeitalter von Handlangern! Meine Hand wird mir nie etwas nützen.

---

65) Les Illuminations: Soir historique. *Œuvres complètes,* S. 200.
66) Une Saison en Enfer: Mauvais Sang. *Œuvres complètes,* S. 220.
67) Ebd.

Er lacht:

Jamais je ne travaillerai.[68]

Niemals werde ich arbeiten.

Auf einmal faßt er uns schärfer ins Auge; er entdeckt, wie wir im Kreis um ihn herumstehen, und Angst ergreift ihn. Er ist gefangen; was wollen alle diese rätselhaften Gesichter von ihm?

Prêtres, professeurs, maîtres, vous vous trompez en me livrant à la justice. Je n'ai jamais été de ce peuple-ci; je n'ai jamais été chrétien; je suis de la race qui chantait dans le supplice; je ne comprends pas les lois; je n'ai pas le sens moral, je suis une brute: vous vous trompez . . .

Priester, Professoren, Lehrer, ihr irrt euch, wenn ihr mich der Justiz ausliefert! Ich gehörte nie diesem Volk an, bin nie Christ gewesen, ich gehöre zu einer Rasse, die in der Qual sang; ich verstehe die Gesetze nicht, habe keinen Sinn für die Moral, ich bin ein wildes Tier: Ihr irrt euch!

Mit flammendem Blick weicht er zurück, und mit einem Male verklärt, hat er sich in einen verzweifelten Engel verwandelt; er weist uns ab, verschanzt sich, verbietet jede Annäherung. Wie könnte er sich erklären? Er hat nichts vorzubringen, nichts zu zeigen als seine makellose Gestalt; waffenlos steht er ein Ärgernis vor uns.

Fast unmittelbar kommen wir hier mit der Idee der Unschuld Rimbauds in Berührung. In der *Saison en En-*

---

68) Une Saison en Enfer: Délire I: Vierge folle. *Œuvres complètes,* S. 229 – vgl. im selben Gedicht: «Il ne travaillera jamais.» (S. 231).

69) Une Saison en Enfer: Mauvais Sang. *Œuvres complètes,* S. 223.

fer bedient sie sich zu ihrer Selbstdarstellung keiner Symbole mehr. Sie zeigt sich als sie selbst, erläutert sich mit launenhafter, doch vollkommen abgesteckter Logik, die wir zu dechiffrieren versuchen müssen.

Im Höllenmotiv ist sie kaum zu verkennen. «Eine Zeit in der Hölle», das will sagen: die Zeit, die das sündenlose Wesen mit uns verbringt. Die Hölle Rimbauds ist nirgends als in dieser Welt.

*J'avais entrevu la conversion au bien et au bonheur le salut ...
Et c'est encore la vie!*[70]

Ich hatte die Bekehrung zum Guten, zum Glück vorausgesehen, das Heil. Und es ist nur das Leben!

Je me crois en enfer, donc j'y suis.[71]

Ich glaube, in der Hölle zu sein; also bin ich dort.

Ciel! sommes-nous assez de damnés ici-bas![72]

O Himmel! Wir sind wahrhaftig genug Verdammte hier unten!

La théologie est sérieuse, l'enfer est certainement en bas.[73]

Die Theologie ist bestimmt: die Hölle ist gewißlich *unten.*

Hölle, das heißt: in dieser Welt durch die Erdenschwere festgehalten werden, in unserer Mitte gefangen sein. Sie ist unmittelbar gegenwärtig, berührbar. Um dorthin zu gelangen, bedarf es keiner Reise; sie ist nicht der Ort der Sündenstrafe, sondern im Gegenteil die

---

70) Une Saison en Enfer: Nuit de l'Enfer. *Œuvres complètes,* S. 226.
71) Ebd.
72) Une Saison en Enfer: L'Impossible. *Œuvres complètes,* S. 239.
73) Une Saison en Enfer: Nuit de l'Enfer. *Œuvres complètes,* S. 227.

schreckliche Gewißheit, als Unschuldiger in Sünde zu sein:

Et dire que je tiens la vérité, que je vois la justice: j'ai un jugement sain et arrêté, je suis prêt pour la perfection.[74]

Und zu sagen, daß ich die Wahrheit besitze, daß ich Gerechtigkeit ersehe: Ich habe ein gesundes und festes Urteilsvermögen; ich bin bereit für die Vollkommenheit.

Hier gerade ist die Quelle für Rimbauds Leiden, die er mit sich trägt, die zur Stelle ist. Eine Tatsache übrigens beweist die Austauschbarkeit von Hölle und Leben: sie, die Hölle, ist nicht endgültig, man kann sie verlassen, wie einst die von Christus erlösten Seelen aus dem Vorhimmel gingen:

Pourtant, aujourd'hui, je crois avoir fini la relation de mon enfer. C'était bien l'enfer; l'ancien, celui dont le fils de l'homme ouvrit les portes.[75]

Heute jedoch glaube ich, die Erzählung von meiner Hölle zu Ende gebracht zu haben. Es war wahrhaftig die Hölle, die uralte, diejenige, deren Türen der Menschensohn öffnete.

Darüber hinaus gibt das Wesen selbst der Leiden, denen man dort ausgesetzt ist, Aufschluß darüber, welcher Art sie ist, und wo wir sie anzusiedeln haben. Von Anfang bis Ende ist die *Saison en Enfer* ein Gedicht der Not und des Unbehagens. Dies wird nicht nur an den dort ausgebreiteten Gegenständen ersichtlich. Schon die

74) Ebd. S. 226.
75) Une Saison en Enfer: Matin. *Œuvres complètes,* S. 242.

Form der Sätze, ihr stockendes Fortschreiten, die Vielfalt fragender Wendungen, die sie erproben, ihr Auf-der-Stelle-Treten, ihr schon unglückliches Anheben: alles beruft das Tasten eines Menschen, der eine entspannende Haltung sucht und nicht finden kann. Das vollkommene Wesen versucht, sich einen Platz zu verschaffen, bei uns heimisch zu werden. Überallhin wendet es sich, von überallher wird es zurückgestoßen:

A qui me louer? Quelle bête faut-il adorer? Quelle sainte image attaque-t-on? Quels cœurs briserai-je? Quel mensonge dois-je tenir? – Dans quel sang marcher?[76]

An wen mich verdingen? Welche Bestie anbeten? Welch heiliges Bild reißt man nieder? Welche Herzen werde ich zerbrechen? Welche Lüge muß ich vorbringen? – In welchem Blut waten?

Bah! faisons toutes les grimaces imaginables.[77]

Ach was! Laßt uns alle erdenklichen Grimassen schneiden!

Vergeblich bietet er sich jedem an, wirft er sich allem in die Arme; er kann nicht, versteht nicht, und im Übrigen bedarf man seiner nicht. Leer und zerbrochen findet er sich wieder, allein mit seinem Leiden, welches gerade seine Makellosigkeit ist:

– Ah! je suis tellement délaissé que j'offre à n'importe quelle divine image des élans vers la perfection.[78]

Ich bin so verlassen, daß ich gleich welchem Götterbild mein Streben nach Vollkommenheit darbiete.

---

76) Une Saison en Enfer: Mauvais Sang. *Œuvres complètes,* S. 222.
77) Une Saison en Enfer: Nuit de l'Enfer. *Œuvres complètes,* S. 227.
78) Une Saison en Enfer: Mauvais Sang. *Œuvres complètes,* S. 222.

Um nicht zu leiden, müßte er sich ein wenig über dem Dasein bewegen; doch auf seltsame Weise stößt irgendetwas ihn immer tiefer hinein. Vergeblich will er entfliehen: «Man geht nicht fort.»[79] Erneut ist er den tausend Verletzlichkeiten der Unvollkommenheit ausgesetzt, den grausamen Angriffen der irdischen Mittelmäßigkeit:

C'est l'enfer, l'éternelle peine![80]

Das ist die Hölle, die ewige Qual!

Und von neuem reißt ihn die brennende Wunde der Berührung mit dem Leben aus seinem Traum, schreckt ihn auf:

C'est le feu qui se relève avec son damné.[81]

Das ist das Feuer, das mit seinem Verdammten wieder auflodert.

Fragen wir, wodurch das Leben so zersetzend auf diese Seele wirkt, so erhalten wir folgende Antwort: Wie sollte seine schroffe Härte[82] nicht die Begegnung mit der gebeugten, beschädigten, abgebrauchten und überalterten Welt als quälend empfinden? Die Flamme, welche die Welt verbrennt, ist die Leichtigkeit, das Sich-arrangieren, das Schlecht-und-Recht aller Dinge:

---

79) «On ne part pas.» (Une Saison en Enfer: Mauvais Sang. *Œuvres complètes,* S. 222).

80) Une Saison en Enfer: Nuit de l'Enfer. *Œuvres complètes,* S. 226.

81) Ebd. S. 228.

82) Vgl. «Encore tout enfant, j'admirais le forçat intraitable sur qui se referme toujours le bagne.» (Une Saison en Enfer: Mauvais Sang. *Œuvres complètes,* S. 222).

Pour le corps et pour l'âme, – le viatique, – on a la médecine et la philosophie, – les remèdes de bonnes femmes et les chansons populaires arrangées.[83]

Als Wegzehrung für Leib und Seele hält man die Medizin und Philosophie, die Altweiber-Hausmittelchen und die aufbereiteten Volkslieder zur Verfügung.

In dieser Welt ist alles Gewohnheit, Herkommen. Die überlieferte Regel ist ein Kompromiß mit dem Unvollkommenen; eine Stütze für das zusammenstürzende Weltgebäude sind unsere angesammelten Gewohnheiten. Die Welt wächst auf Trümmern und erhält sich durch eine wachsende, ins Unendliche gehende Komplikation. Man darf mit ihr nicht allzu kräftig umgehen; man muß ihre Abwärtsbewegung mitvollziehen, auf dem blanken Abhang mitgleiten, sich in ihrer altertümlichen Weise von ihr führen lassen. Der Zwang zu solchen Rücksichten macht Rimbaud ungeduldig, wahnsinnig:

Les blancs débarquent. Le canon! Il faut se soumettre au baptême, s'habiller, travailler.[84]

Die Weißen landen. An die Kanone! Man muß sich der Taufe unterwerfen, sich kleiden, arbeiten.

Alles was uns beruhigt und besänftigt, was uns das Leben leicht macht, ist ein Gift, das gerade diese Seele angreift und verzehrt:

83) Une Saison en Enfer: Mauvais Sang. *Œuvres complètes,* S. 221.
84) Une Saison en Enfer: Mauvais Sang. *Œuvres complètes,* S. 224.

Quant au bonheur établi, domestique ou non . . . non, je ne peux pas.[85]

Was das gesicherte Glück angeht, häuslich oder nicht . . . nein, das kann ich nicht ertragen.

In allem, was er berührt, findet er eine nicht näher zu bestimmende gutmütige Schwächlichkeit, die ihn aufbrüllen läßt:

Nous mangeons la fièvre avec nos légumes aqueux. Et l'ivrognerie! et le tabac! et l'ignorance! et les dévouements![86]

Wir nehmen das Fieber mit unseren wässrigen Gemüsen zu uns. Und die Trunksucht! Und der Tabak! Und die Unwissenheit! Und die Aufopferungen!

Ce peuple est inspiré par la fièvre et le cancer. Infirmes et vieillards sont tellement respectables qu'ils demandent à être bouillis.[87]

Dies Volk nimmt seine Inspiration aus dem Fieberwahn und dem Krebsgeschwür. Schwächlinge und Greise sind so verehrungswürdig, daß sie gekocht werden wollen.

Daher die ständige Anstrengung, der Zivilisation zu entfliehen, Europa zu verlassen:

Me voici sur la plage amoricaine. Que les villes s'allument dans le soir. Ma journée est faite; je quitte l'Europe. L'air marin brûlera mes poumons; les climats perdus me tanneront. Nager, broyer l'herbe, chasser, fumer surtout; boire des liqueurs fortes comme du métal bouillant, – comme faisaient ces chers ancêtres autour des feux.[88]

---

85) Ebd. S. 225.
86) Une Saison en Enfer: L'Impossible. *Œuvres complètes,* S. 240.
87) Une Saison en Enfer: Mauvais Sang. *Œuvres complètes,* S. 223.
88) Ebd. S. 221 f.

Nun finde ich mich am amorikanischen Strand. Wie die Städte im Abend aufleuchten! Mein Tagwerk ist getan; ich verlasse Europa. Die Seeluft wird in meinen Lungen brennen, die einsamen Gegenden werden meine Haut gerben. Schwimmen, Gras zerpflücken, jagen, vor allem rauchen, Säfte stark wie weißglühendes Metall trinken – wie es diese lieben Ahnen, um ihre Feuer gelagert, taten.

Diese Vorstellung ist der Ausweg aus der Hölle; sie richtet sich vor dem Dichter auf als ein Mittel, seine Seele zu beruhigen, indem sie um sie eine Zone der Unbeugsamkeit schafft, derer sie bedarf.

Aber Rimbaud wird uns nun noch genauer und vollständiger die Freiheit des unverletzten, makellosen Wesens darstellen, oder zunächst vielmehr eine Art fast metaphysischer Abgelöstheit von der Welt, die allen seinen Handlungen eigentümlich ist. Zeigte er eben noch seine Gestalt in unerträglicher Berührung mit der Welt, so läßt er uns nun das reine Wesen erblicken, wie es an der Oberfläche des Daseins schwimmt, wie es sich weder verkleinern, noch aus der Ruhe bringen läßt:

La vie fleurit par le travail, vieille vérité: moi, ma vie n'est pas assez pesante, elle s'envole et flotte loin au-dessus de l'action, ce cher point du monde.[89]

Das Leben wird durch Arbeit schön, alte Wahrheit; meines jedoch wiegt nicht schwer genug, es fliegt davon und schwimmt fern von allem Handeln, diesem Angelpunkt der Welt.

In dem Gedicht, welches den Titel *Vierge folle* trägt, erscheint der Unschuldige unter den Zügen jenes wissen-

---

89) Une Saison en Enfer: Mauvais Sang. *Œuvres complètes,* S. 225.

den, grausamen und untätigen Wesens, das wie ein Schatten oder Dämon umherirrt, mit Vorwürfen, Versprechungen, unverständlichen Vertraulichkeiten, zu beweglich für dieses Leben und in ihm zurückgehalten nur durch eine kleine, aber schwerwiegende Vergeßlichkeit. Man sieht es geräuschlos vorübergleiten, es hat eine geheimnisvolle Ausdehnung und Entfaltung erreicht, die unsere Nähe ihm unmöglich machte; kaum verweilt es bei uns, keine Minute des Stillstandes kennt es; fast sollte man sagen, es sei in dieser Welt kein Platz für es, es sei denn, daß es nicht einen Augenblick auf der Stelle verhielte. Es verbirgt sich, springt auf und verschwindet:

Les nuits, souvent ivre, il se poste dans les rues ou dans les maisons, pour m'épouvanter mortellement.[90]

In den Nächten, oft betrunken, versteckt er sich auf den Straßen oder in den Häusern, um mich tödlich zu erschrecken.

Der innere Geist vertreibt ihn aus jedem Ort. Dies Wesen hat die gleiche Platzangst, wie wir sie bei Rimbaud bemerkt haben. Sogar auf seine Gefährtin überträgt es jene Abwesenheit von irdischen Dingen:

Quelle vie! La vraie vie est absente. Nous ne sommes pas au monde.[91]

Welch ein Leben! Das wirkliche ist abwesend. Wir sind nicht auf der Welt.

Avec ses baisers et ses étreintes amies, c'était bien un ciel, un sombre ciel où j'entrais.[92]

---

90) Une Saison en Enfer: Délires I: Vierge folle. *Œuvres complètes,* S. 229.
91) Ebd.
92) Ebd. S. 230 f.

Wenn er mich küßte und liebend umschlang, so war das wahrhaftig ein Himmel, ein düsterer Himmel, in den ich trat.

Wenn es uns noch nicht gänzlich verlassen hat, so, weil es eine Mission hat. Die sich mit ihm verlor, fragt sich:

Seules, sa bonté et sa charité lui donneraient-elles droit dans le monde réel?[93]

Könnte seine Güte und Barmherzigkeit allein ihm Lebensrecht in der wirklichen Welt geben?

Und er erwidert:

Puis il faut que j'en aide d'autres: c'est mon devoir. Quoique ce ne soit guère ragoûtant . . . , chère âme . . .[94]

Und außerdem muß ich anderen helfen, das ist meine Pflicht. Obwohl es nicht gerade angenehm ist, liebe Seele.

Diese Barmherzigkeit, von der er so häufig spricht,[95] die Art mütterlicher Besorgtheit, die sich seiner Grausamkeit beimischt,[96] ist fremdartig, ohne eine Spur von Moral, ganz metaphysisch. Ihre Aufgabe ist die reine Desorientation. Die Hilfe, die er uns gegeben hat, will uns den Aufenthalt auf dieser Erde unmöglich machen. Er wurde gesandt, um sich uns einfach darzustellen, sich in unsere Mitte zu begeben mit seiner unbeirrten

---

93) Ebd. S. 231.

94) Ebd.

95) Vgl. «C'est notre sort, à nous, cœurs charitables.» (Vierge folle, S. 232) u. a.

96) Vgl. «Ses délicatesses mystérieuses m'avaient séduite.» (Vierge folle, S. 229) und ferner: «Il avait la pitié d'une mère méchante pour ses petits enfants.» (ebd. S. 230).

Vollkommenheit, um uns unsere Verworfenheit fühlen zu lassen, um sie uns wortlos, durch seine bloße Gegenwart vorzuwerfen:

Mais que me voulait-il avec mon existence terne et lâche? Il ne me rendait pas meilleure, s'il ne me faisait pas mourrir![97]

Und was wollte er mit mir anfangen, mit meinem matten und feigen Dasein? Wenn er mich nicht umbrachte, so machte er mich doch nicht besser.

Er kam, um unsere Umgebung des Sinnes und der Kraft zu berauben, um den scheinbaren Vollkommenheiten dieser Welt ihre ursprüngliche Schwäche wiederzugeben:

Il m'attaque, il passe des heures à me faire honte de tout ce qui m'a pu toucher au monde, et s'indigne si je pleure.[98]

Er greift mich an, beschämt alles, was in der Welt mich hat rühren können, und er wird zornig, wenn ich weine.

Seine gewalttätigen Handlungen erklärt er nicht, seine Worte enthüllen nie den Grund seiner Flüche; aber er ist da, er lebt an unserer Seite, er atmet in einem anderen Rhythmus wie ein Wesen, das von einem fremden Stern fiel. Wir wohnen seiner rätselhaften und heiligen Qual bei; er leidet vor unseren Augen an einer namenlosen Krankheit, die einem Wunder gleichkommt: Das Blut seines Martyriums spritzt bis auf uns. Das allein ist die Aufklärung, die er uns gibt, das allein ist das Ge-

---

97) Une Saison en Enfer: Délires I: Vierge folle. *Œuvres complètes,* S. 230.
98) Ebd. S. 231.

schenk seiner Barmherzigkeit. Und tatsächlich bildet sich langsam in uns eine Frage, die wir seine einsame und verächtliche Angst betrachten, eine Frage, die das Gefühl entstehen läßt, wir dürften nicht länger in der Welt bleiben:

A côté de son cher corps endormi, que d'heures j'ai veillé cherchant pourquoi il voulait tant s'évader de la réalité.[99]

An der Seite seines geliebten, in Schlaf versunkenen Körpers, wie lange Stunden habe ich nicht gewacht, um herauszufinden, warum er so sehr der Wirklichkeit entfliehen wollte.

Das wird sich nicht mehr beschwichtigen lassen. Das Gefühl, etwas verloren zu haben, hat sich unserem Blute beigemischt:

Ce poison va rester dans toutes nos veines.[100]

Dies Gift wird in allen unsern Adern bleiben.

Vollständig im Dunkel gehüllt, in tiefster Unwissenheit haben wir nur mehr einen Gedanken: befreit zu werden.

Un jour peut-être il disparaîtra merveilleusement; mais il faut que je sache, s'il doit remonter à un ciel, que je voie un peu l'assomption de mon petit ami![101]

Eines Tages vielleicht wird er auf wunderbare Weise verschwinden. Doch muß ich wissen, ob er in einen Himmel aufsteigen muß, will ich ein wenig nur der Himmelfahrt meines Freundes zuschauen!

---

99) Une Saison en Enfer: Délires I: Vierge folle. *Œuvres complètes,* S. 230.
100) Les Illuminations: Matinée d'Ivresse. *Œuvre complètes,* S. 184.
101) Une Saison en Enfer: Vierge folle. *Œuvres complètes,* S. 232.

Nicht vergeblich wird der seltsam fremde Bote an den schwachen Banden gezerrt haben, die ihn noch unter uns festhalten; er wird endlich die vollständige Freiheit wiederfinden, die er halb aufgegeben hatte, um uns zu Hilfe zu kommen. In einer vorläufigen Weise erscheint hier die Idee einer Wiederherstellung, einer Rückkehr zur Unschuld.

Sie zeigt sich bereits in den *Illuminations*, verhüllt freilich und symbolisch, denn zunächst gibt sie sich nur als der Gedanke einer Wiederherstellung der sozialen Ordnung, einer Umkehrung des Lebens. Für die Menschheit strahlt ein Licht in der Zukunft, etwas, das eines Tages sich enthüllen wird, nicht ein größeres Glück, sondern ein weiterer Raum, eine Ausweitung der Existenz:

Le traivail humain! c'est l'explosion qui éclaire mon abîme de temps en temps.[102]

Das Menschenwerk! das ist die Explosion, die meinen Abgrund von Zeit zu Zeit erhellt.

O *monde! et le chant clair des malheurs nouveaux!*[103]

O Welt! und der helle Gesang von neuem Unglück!

Ein Augenblick, der alles erfaßt, klärt und durchsetzt, wird am geschichtlichen Horizont erscheinen; eine Revolution wird das Leben verändern:

---

102) Une Saison en Enfer: L'Eclair. *Œuvres complètes,* S. 24.
103) Les Illuminations: Génie. *Œuvres complètes,* S. 206.

Il y a peut-être des secrets pour changer la vie?[104]

Gibt es vielleicht Geheimnisse, das Leben zu verwandeln?

Schon weist Rimbaud uns auf den geheimen Sinn solch wirrer Ausbrüche hin; wir sehen, wie er sich fragt:

Se peut-il ... Que les accidents de féerie scientifique et des mouvements de fraternité sociale soient chéries comme restitution progressive de la franchise première?[105]

Wäre es möglich, daß die sich zutragenden wissenschaftlichen Märchen und die Regungen gesellschaftlicher Verbrüderung als die fortschreitende Wiederherstellung der alten Freiheit geliebt würden?

Auf ganz natürliche Weise mischt er, in *Royauté*, dem Bild einer dieser Umgestaltungen des sozialen Lebens helle, reine und belebende Empfindungen bei, eine Art greifbarer Reinheit, die uns verrät, welcher Gegenstand seinen Geist insgeheim fort und fort beschäftigt, den er auszudrücken sucht: Die Heraufkunft der Unschuld.

Un beau matin, chez un peuple fort doux, un homme et une femme superbes criaient sur la place publique: «Mes amis, je veux qu'elle soit reine!» «Je veux être reine!» Elle riait et tremblait. Il parlait aux amis de révélation, d'épreuve terminée. Ils se pâmaient l'un contre l'autre.

---

104) Une Saison en Enfer: Délires I: Virge folle. *Œuvres complètes,* S. 230 – Obwohl ganz anders gestimmt, muß man dieser Stelle folgende Version zuordnen: «Et, une heure, je suis descendu dans le mouvement d'un Boulevard de Bagdad où les compagnies ont chanté la joie du travail nouveau, sous une brise épaisse, circulant sans pouvoir éluder les fabuleux fantômes des monts où l'on a dû se retrouver.» (Les Illuminations: Villes. *Œuvres complètes,* S. 190).

105) Les Illuminations: Angoisse. *Œuvres complètes,* S. 197.

En effet, ils furent rois toute une matinée, où les tentures carminées se relevèrent sur les maisons, et toute l'après-midi, où ils s'avancèrent du côté des jardins de palmes.[106]

An einem sehr schönen Morgen, bei einem sehr sanften Volke, schrien ein Mann und eine Frau, die herrlich anzusehen waren, auf dem Marktplatz: «Ihr lieben Freunde, ich will, daß sie Königin werde!» «Ich will Königin sein!» Sie lachte und zittterte zugleich. Er sprach den Freunden von Offenbarung, von bestandener Probe. Wie ohnmächtig fielen sie einander in die Arme.
Und wirklich, einen ganzen Vormittag lang waren sie König und Königin, während die purpurroten Behänge an den Häusern von neuem erstanden, und den ganzen Nachmittag lang, an dem sie in die Richtung der Palmengärten vordrangen.

Schließlich, noch in den *Illuminations*, verdeutlicht sich das Motiv der Wiedereinsetzung in den Urstand der Sündenlosigkeit, nähert es sich seinem Wortsinn:

J'avais en effet, en toute sincérité d'esprit, pris l'engagement de le rendre à son état primitif de fils du soleil, – et nous errions, nourris du vin des cavernes et du biscuit de la route, moi pressé de trouver le lieu et la formule.[107]

Ich hatte mich tatsächlich, alleraufrichtigsten Geistes, dazu verpflichtet, den Sonnensohn seinem ursprünglichen Zustand wiederzugeben – und wir irrten umher, gestärkt vom Wein der Höhlen und vom Zwieback der Straßen. Ich war eilig, den Ort und die Formel zu finden.

Aber erst in der *Saison en Enfer* leuchtet das Motiv in seiner wahrhaft expliziten Form auf. Man sieht es sich entwickeln im Maße wie man in das Gedicht eindringt.

---

106) Les Illuminations: Royauté. *Œuvres complètes*, S. 183.
107) Les Illuminations: Vagabonds. *Œuvres complètes*, S. 190.

Es löst sich vom Höllenmotiv ab, es verläßt die bedrükkende Atmosphäre des Beginns und löst sie, sich ausweitend, auf. Die Anlage des Werkes ist wesentlich dramatisch, und in der Tat: es *geschieht* etwas darin. Die Handlung ist die Suche der Seele nach einer Daseinsform, in der die Unschuld von neuem möglich wäre. Die Weise, in der das Bild dieses Zustandes sich langsam klärt und befestigt, seine wahre Natur enthüllt, wird nun darzustellen sein.

Dies Bild stellt sich Rimbaud in dem Augenblick vor Augen, in dem er ernstlich zu ersticken droht. Er weiß zunächst nicht, ob es das Abbild eines Wirklichen, oder nur ein tröstender Spuk ist. Er erblickt es und findet in ihm Beruhigung.

Aber er kann sich nicht entbrechen, es ergreifen, es begreifen zu wollen. Und sein erster Irrtum (in *L'Impossible)* ist zu glauben, daß es nur einen vergangenen Zustand erinnere, eine vergessene Weisheit:

Je vois que mes malaises viennent de ne m'être pas figuré assez tôt que nous sommes à l'Occident.[108]

Ich sehe, meine Not kommt daher, nicht rechtzeitig bemerkt zu haben, daß wir uns im Abendland befinden.

Je retournais à l'Orient et à la sagesse première et éternelle.[109]

Ich kehrte zum Morgenland zurück und zur ewig ursprünglichen Weisheit.

---

108) Une Saison en Enfer: L'Impossible. *Œuvres complètes*, S. 239.
109) Ebd. S. 240.

Auf einmal jedoch erkennt er, daß seine Vision etwas Größeres und Älteres als bloß geschichtliche Realität in sich birgt, etwas Tieferes als der Orient, etwas Unvergängliches und nicht die Vergangenheit:

C'est vrai; c'est à l'Eden que je songeais! Qu'est-ce que c'est pour mon rêve, cette pureté des râces antiques![110]

Es ist wahr, an Eden dachte ich. Was ist das schon für meinen Traum, die Reinheit antiker Rassen!

Und schon kann er nicht mehr, wie die Philosophen es ihm raten, zugeben, daß seine Vision nichts als eine bequeme und wirklichkeitsleere Idee ist. Im Gegenteil fühlt er sich jetzt schon als ihr nächstes und ständiges Objekt. Eine kleine Anstrengung, so scheint ihm, würde genügen, um in das Reich der Unschuld aufgenommen zu sehen, was er einen Augenblick in den Tiefen der Jahrhunderte verloren glaubte. Ein lebhafterer Geist, ein klarerer Blick:

Mais je m'aperçois que mon esprit dort.
S'il était bien éveillé toujours à partir de ce moment, nous serions bientôt à la vérité qui peut-être nous entoure avec ses anges pleurant![111]

Doch ich merke, mein Geist schläft. Wäre er immer, von diesem Augenblick an, wachsam, wären wir bald bei der Wahrheit, die uns vielleicht, weinend mit Engeln umgibt!

Am Ende scheint seine Aufmerksamkeit, für die Dauer einiger Sekunden belohnt zu werden:

---

110) Ebd.
111) Ebd.

O pureté! pureté!
C'est cette minute d'éveil qui m'a donné la vision de la pureté![112]

O Reinheit, Reinheit! – Diese wache Minute schenkte mir die Vision der Reinheit.

Eins zum wenigsten ist am Ende des Gedichtes für die Seele erreicht: die Gewißheit, daß es irgendwo einen Zufluchtsort der Unschuld gibt.

In *Éclair* taucht dieser Ort erneut auf; doch Rimbaud glaubt nicht länger, ihn erreichen zu können:

Ah! vite, vite un peu; là-bas, par delà la nuit, ces récompenses futures, éternelles ... Les échappons-nous?[113]

Ah! Schnell, ein wenig schneller; da hinten, jenseits der Nacht, jene zukünftigen, ewigen Belohnungen ... sollen wir fliehen?

Etwas fehlt ihm jedoch; seine Mittel sind entweder unzureichend oder zu kompliziert. Er hat seine Kräfte vertan:

Ma vie est usée.[114]

Mein Leben ist aufgebraucht.

Er ist leergebrannt; sein Leben wird nur mehr Spaß sein, dazu dienen, gegen die «Erscheinungen der Welt zu streiten.»[115]

Alors, – oh! chère pauvre âme, l'éternité serait-elle pas perdue pour nous![116]

---

112) Une Saison en Enfer: L'Impossible. *Œuvres complètes,* S. 240 f.
113) Une Saison en Enfer: L'Eclair. *Œuvres complètes,* S. 241 – Var. (Rivière): «les échapperons-nous?»
114) Ebd.
115) «en querellant les apparences du monde.» ebd.
116) Ebd.

Dann, arme geliebte Seele; wäre die Ewigkeit doch nicht für uns verloren!

Jedoch er gewinnt bald wieder an Selbstvertrauen und Ruhe (vgl. *Le Matin).* Denn von neuem erscheint die Vision und stellt sich ihm nun als zukünftige Wirklichkeit vor Augen. Wiewohl er nicht genau ermessen kann, wie weit entfernt sie von ihm ist, weiß er doch wenigstens, daß er dieses Mal nur vorwärts zu schreiten braucht, um sie zu erreichen, sich des Glückes zu versichern, das sie verspricht. Endlich sieht er die Vision sich verfestigen, ihn erwartend:

Du même désert, à la même nuit, toujours mes yeux las se réveillent à l'étoile d'argent, toujours, sans que s'émeuvent les Rois de la vie, les trois mages, le cœur, l'âme, l'esprit. Quant irons-nous, par delà les grèves et les monts, saluer la naissance du travail nouveau, la sagesse nouvelle, la fuite des tyrans et des démons, la fin de la superstition, adorer – les premiers! – Noël sur la terre!
Le chant des cieux, la marche des peuples! Esclaves, ne maudissons pas la vie.[117]

Aus derselben Einöde, in derselben Nacht, erwachen stets meine müden Augen beim Aufgang des silbrigen Sterns, stets, ohne daß die Herrscher des Lebens sich regen, die drei heiligen Könige, das Herz, die Seele, der Geist. Wann werden wir, über die Gestade und Berge hinaus die Geburt der neuen Mühe grüßen, die neue Weisheit, die Flucht der Tyrannen und Dämonen, das Ende des Aberglaubens, wann werden wir als erste Weihnachten auf Erden anbeten?
Der Gesang des Himmels, der Marsch der Völker. Wir Sklaven sollten nicht das Leben verwünschen.

---

117) Une Saison en Enfer: Matin. *Œuvres complètes,* S. 242.

Von nun an ist die Gewißheit des Dichters unerschütterlich. Das Bild, das ihn heimsuchte, weiß er, stellte eine zukünftige Wirklichkeit vor.

Dieses Bild jedoch muß sich noch einer letzten Läuterung unterziehen, sich von jedem Symbolelement befreien. Die Vision der Rückkehr zur Unschuld ist, wie wir sie bisher betrachtet haben, noch mit der Idee einer sozialen Revolution verknüpft; denn die Bewegung, die uns ihr näherbringt, ist identisch mit dem «Marsch der Völker». In *Adieu,* das die *Saison en Enfer* abschließt, begreift Rimbaud, daß der Gegenstand seines Verlangens nicht von irgendeinem irdischen Fortschritt eingeholt werden kann, daß der Stand der Reinheit, den er wie eine verlorene Würde herbeisehnt, der Zustand des Paradieses ist, und daß, was ihn davon trennt, nur die Zeit ist, die zu leben ihm noch bleibt:

L'Automne déjà! – Mais pourquoi regretter un éternel soleil, si nous sommes engagés à la découverte de la clarté divine, – loin des gens qui meurent sur les saisons.[118]

Herbst schon! – Doch warum sollten wir uns nach ewiger Sonne sehnen, da wir doch zur Entdeckung göttlicher Helle verpflichtet sind, weit entfernt von denen, die in der Zeit sterben.

In Augenblicken der Klarheit dringt sein Blick unmittelbar ins Paradies:

Quelquefois je vois au ciel des plages sans fin couvertes de blan-

---

118) Une Saison en Enfer: Adieu. *Œuvres complètes,* S. 242.
119) Une Saison en Enfer: Adieu. *Œuvres complètes,* S. 243.

ches nations en joie. Un grand vaisseau d'or, au-dessus de moi, agite ses pavillons multicolores sous les brises du matin.[119]

Manchmal sehe ich am Himmel unendliche Strände, bevölkert von weißen Nationen, die der Freude hingegeben sind. Ein großes goldenes Schiff über mir läßt seine bunten Wimpel im Morgenwind flattern.

Zu gleicher Zeit, da die Wirklichkeit dessen, was er so lange und unter verschiedenen Formen sich vorstellte, ihm deutlich erscheint, unausweichlich und friedestiftend, begreift der Dichter, daß er das Letzte noch nicht gesagt hat:

J'ai essayé d'inventer de nouvelles fleurs, de nouveaux astres, de nouvelles chairs, de nouvelles langues.[120]

Ich versuchte neue Blumen, neue Sterne, neue Menschen und neue Sprachen zu erfinden.

Das alles war jedoch nur Vorbereitung, eine Art Ersatz; mehr noch, in diesen Bildern war nur ein Abklatsch der Wirklichkeit, nichts Dichterisches, nichts Erfundenes; auf einmal schmilzt alles zusammen zu einem Paradies, das endlich ganz betrachtet wird:

J'ai cru acquérir des pouvoirs surnaturels. Eh bien! je dois enterrer mon imagination et mes souvenirs! Une belle gloire d'artiste et de conteur emportée![121]

Ich glaubte, übernatürliche Kräfte zu gewinnen. Nun gut! Ich muß meine Träume und Erinnerungen begraben! Ein schöner Künstler- und Erzählerruhm, der da hingeht!

---

120) Ebd.
121) Ebd.

Nur eins noch bleibt zu tun: leben, denselben Weg gehen wie alle Welt, seine Pflicht bis zu Ende tun, die Zeit bis zum Tode mit Arbeit ausfüllen:

Moi! moi qui me suis dit mage ou ange, dispensé de toute morale, je suis rendu au sol, avec un devoir à chercher, et la réalité rugueuse à étreindre! Paysan![122]

Ich! Ich, der ich mich Engel oder Zauberer genannt, der ich mich von jeder Moral befreit geglaubt hatte, ich bin der Erde zurückgegeben, muß eine Pflicht mir suchen und die rauhe Wirklichkeit umarmen! Bauer!

Die Gewißheit der Vision, die Rimbaud gewinnt, genügt nun, die Qual zu besänftigen, die er auf Erden litt. Weiß er doch, daß seine Unschuld eines Tages zweifellos den Ort finden wird, den sie braucht; und so hört er auf, die Gewalt zu empfinden, die ihm in dieser Welt angetan wird:

Les grincements de dents, les sifflements de feu, les soupirs empestés se modèrent. Tous les souvenirs immondes s'effacent.[213]

Das Zähneknirschen, das Zischen des Feuers, die verpesteten Seufzer, sie mäßigen sich. Alle schändlichen Erinnerungen verblassen.

Von nun an, nach jenem schrecklichen «geistigen Kampf»,[124] ist er mit seinem zukünftigen Glück verbunden, und dessen Hauch streicht in Augenblicken bis zu ihm hin:

---

122) Une Saison en Enfer: Adieu. *Œuvres complètes*, S. 243.
123) Ebd.
124) «Le combat spirituel» (ebd. S. 244).

Cependant c'est la veille. Recevons tous les influx de vigueur et de tendresse réelle. Et l'aurore, armés d'une ardente patience, nous entrerons aux splendides villes.[125]

Jedoch wir sind erst am Vorabend. Alles wollen wir in uns aufnehmen, was an Kraft und wahrer Zärtlichkeit auf uns einströmt. Am Morgen werden wir, gewappnet mit glühender Geduld, in die glänzenden Städte einziehen.

Das unschuldige Wesen hat seine Zukunft erkannt; Geduld erfüllt und verhärtet ihn. Sein Aufschreien, sein Erschrecken verschließt es sorgfältig in seinem Innern; es weiß genug. Einzig «seinen Tag» zu erwarten,[126] ist noch sein Geschäft, den Tag, an dem es den Platz wieder einnehmen kann, dessen es bedarf, an dem sein unversehrter und strahlender Leib ihm wiedergegeben wird, um seine Seele zu bewahren:

Et il me sera loisible de posséder la vérité dans une âme et un corps.[127]

Und es wird mir erlaubt sein, *in Seele und Leib die Wahrheit zu besitzen.*

Mit der Beruhigung durch dieses «übermenschliche Versprechen, das seiner Seele und seinem Körper mit der Schöpfung gegeben wurde»,[128] endet die *Saison en Enfer.*

Wie wir gesehen haben, erklärt die Idee der Unschuld das ganze Werk Rimbauds. Sie erhellt sogar mehr: Rim-

---

125) Ebd.
126) «son jour» (Les Illuminations: Génie. *Œuvres complètes,* S. 206).
127) Une Saison en Enfer: Adieu. *Œuvres complètes,* S. 244.
128) «cette promesse surhumaine faite à notre corps et âme créés» (Les Illuminations: Matinée d'Ivresse. *Œuvres complètes,* S. 184).

bauds Verzicht auf die Fortführung seines Werkes, seinen seltsamen und abrupten dichterischen Tod. Im plötzlichen Verstummen dieses neunzehnjährigen Genies liegt ein Geheimnis, das man durch die verschiedensten Hypothesen zu erklären versucht hat. Ich denke nicht, daß man durch die Betrachtung der Biographie Rimbauds zu einem Schluß kommen kann. Im Wesen seines Werkes selbst hat man die Gründe zu suchen, deretwegen er es nicht fortgesetzt hat. Für ihn war Schreiben niemals mehr als ein Mittel, um seine Seele zu befreien, um das wunderbare Leiden, an dem er krankte, von sich abzustoßen. Die *Illuminations* hielten es auf eine Weise fest, wie manche Stoffe Gase an sich binden: indem sie sich damit vollsaugen. In der *Saison en Enfer* wollte Rimbaud sein Leid auf andere Weise ergreifen, so wie ein Arzt eine Krankheit feststellt, durch Untersuchung; und so glaubte er sicher, ein Mittel entdecken zu können, das ihn für immer heilte. Wir sahen, daß ihm dies gelingt; wir sahen, wie unter seinem Blick die Vision des Paradieses entstand und sich entfaltete. Als er sie endlich in ihrer ganzen Wirklichkeit erfaßt hatte, blieb ihm nur das Warten auf ihre Vollendung. Welchen Sinn konnte für ihn, neben dieser furchtbaren Hoffnung, noch die Literatur besitzen? Sobald die *Saison en Enfer* veröffentlicht war, zerstörte er die Ausgabe, wie man ein Gerät wegwirft, dessen man sich nicht mehr bedienen wird. Und wozu wäre es ihm nötig gewesen, daß man sie läse? Ihm genügte es, sie geschrieben zu haben. Durch sie erkannte er nun, was er wissen wollte. Durch sie hatte er nun im Bild das Gut ergriffen, nach dem seine ganze Seele verlangte. Dies Versprechen, das ihm «ins Gesicht hinein» gesagt worden war,[129] genügte ihm künftig. Sobald er es erfaßt hatte, konnte er es vergessen. Es war in sein Blut übergegangen. Nur mehr Worte und Sätze hatte er niederzuschreiben, in denen dies Versprechen für ihn enthalten gewesen war.

Diese Erklärung eines so außerordentlichen Verstummens scheint ungenügend. Man übe Geduld. Sie ist noch nicht vollständig. Die Gewißheit einer zukünftigen Erlösung ist sicherlich nicht der einzige Grund Rimbauds, auf die Dichtung zu verzichten, deshalb nämlich, weil die Idee der Unschuld nicht der einzige Gehalt seiner Dichtung ist. Sein Werk ist noch mehr als der Sammelplatz einer störrischen Vollkommenheit, ein anderes als der Leib für seine Seele. Wenn wir uns bisher auf diese Betrachtungsweise beschränkt haben, so, um jedes Auseinanderfließen unserer Analyse zu vermeiden. Es gilt nun, einen endgültigen Aspekt zu gewinnen, zu bestimmen, was dies Werk von der Außenwelt in sich aufgenommen hat, festzustellen, welche Art von Wirklichkeit es darstellt.

---

129) «La douceur fleurie des étoiles et du ciel et du reste descend en face du talus, comme un panier, – contre notre face, et fait l'abime fleurant et bleu à-dessus.» (Les Illuminations: Mystique. *Œuvres complètes,* S. 193).

ZWEITER TEIL

I

Ce ne peut être que la fin du monde en avançant. A. R.

Betrachten wir das Werk Rimbauds unter diesem neuen Gesichtspunkt, so erscheint es als eine Sammlung von Erfahrungen, als Rohdokument, einzig an einen Gegenstand gewendet, ein Werk, das sich nicht um uns bekümmert, ja, das uns offen den Rücken zukehrt. Wie ihr Autor sind diese Gedichte rücksichtslos; sie geben in keinem Punkt nach, lassen sich nicht unserthalb stören. Sie unternehmen keinen Versuch, uns das Schauspiel, welches sie verbergen, verständlich zu machen; sie sind unter Mißachtung jeglichen geselligen Umgangs geschrieben, ja, sie stellen das Gegenteil eines Gespräches vor. In ihnen ist etwas, das einem Unbekannten die Treue hält. Sie sind Zeugen. Sie sind wie Merkzeichen, die irgendeiner astronomischen Ortung gedient haben. Das kleine Buch der *Illuminations* muß man wie ein Notizbuch lesen, das der Tasche eines Gelehrten entfiel und in dem man überall geheimnisvolle Bemerkungen über einen Bereich unbekannter Erscheinungen findet. Wir waren nicht anwesend, wir kommen zufällig vorbei. Wir heben die unschätzbaren Reste auf, die uns nicht bestimmt waren.

Und wie sollte Rimbaud daran denken, sich an uns zu wenden, da er doch nicht weiß, was er sagen wird? Manchmal sollte man glauben, er erzähle beliebig vor sich hin. Seine Worte strömen in einer Art zufälliger Folge an uns vorbei; nirgends erkennt man die wohlüberlegte Absicht, die logische Auswahl, die Gedankenführung, die selbst in den mittelmäßigsten Geisteswerken erscheint. In dieser Hinsicht könnte die *Saison en Enfer* als unbedeutendes und unerträgliches Geschwätz abgetan werden: Die Sätze scheinen unter den zufälligsten Vorwänden einer nach dem anderen aufzutauchen, dem leersten Einfall folgend. — Die Wahrheit ist jedoch nicht, daß Rimbaud nicht wüßte, was er sagen soll, sondern, daß er nicht weiß, was sein Sprechen bedeutet. Das Unzusammenhängende seiner Sprache ist nur der Reflex der Unkenntnis, in der er sich über die Natur des Ausgesagten befindet. Es ist ihm unmöglich, was er sagen wird, vorzubereiten, denn er hat es nicht schon vorher im Griff, sondern erfährt es erst in dem Augenblick, da er es vorbringt. Seine Worte schießen zu schnell auf, als daß er sie vernehmen könnte, bevor er sie ausspricht. Er wohnt seinem Sprechen bei, vor sich sieht er etwas entstehen, aber nicht besser als wir erkennt er, woher es stammt und was es ist:

Car JE est un autre. Si le cuivre s'éveille clairon, il n'y a rien de sa faute. Cela m'est évident: J'assiste à l'éclosion de ma pensée: je la regarde, je l'écoute: je lance un coup d'archet: la symphonie fait son remuement dans les profondeurs, ou vient d'un bond sur la scène.[1]

Denn ICH ist ein anderer. Wenn das Blech als Horn erwacht, ist es keineswegs seine Schuld. Das ist mir deutlich: Ich bin zugegen beim Aufblühen meines Denkens: Ich beobachte, belausche es. Ich mache einen Strich mit dem Bogen: Schon regt sich die Symphonie in der Tiefe oder springt mit einem Satz auf die Bühne.

Er ist am Rande dessen, was er auszudrücken hat, nicht in seinem Zentrum: er berührt es, versucht es, will es aus der Reserve locken. Und es antwortet mit unvorhersehbarem Aufzucken, plötzlichen Enthüll·ıngen.

Rimbaud beherrscht nicht seinen Gegenstand, kreist ihn nicht ein, sondern befragt ihn einfach:

Tout notre embrassement n'est qu'une question.[2]

Unser ganzes Umarmen ist nur eine Frage.

So wenig hat er ihn in der Hand, daß ihm kein anderes Mittel als das zu warten bleibt:

Quels bons bras, quelle belle heure me rendront cette région d'où viennent mes sommeils et mes moindres mouvements?[3]

Welch hilfreicher Arm, welche schöne Stunde wird mir das Land zurückgeben, aus dem die Stunden meines Schlafs und meine leisesten Bewegungen kommen?

Im Vergleich mit dem, was er sieht, befindet er sich eigentlich in einem Schlafzustand. Der Sturz des großen, makellos aus Gottes Hand hervorgegangenen En-

---

1) Brief an Paul Demeny, 15. Mai 1871 – *Œuvres complètes*, S. 270.
2) Les Soeurs de Charité. *Œuvres complètes*, S. 89.
3) Les Illuminations: Villes. *Œuvres complètes*, S. 190.

gels hat ihn doch betäubt. Dieser leuchtende «Geist» ist, als er sich verkörperte, stumpf geworden, hat sich verdunkelt. Er ist in eine Halbblindheit eingetreten, in das erstickte und kraftlose Summen des Traums:

– Mais je m'aperçois que mon esprit dort . . . S'il avait été éveillé jusqu'à ce moment-ci, c'est que je n'aurais pas cédé aux instincts délétères, à une époque immémoriale![4]

Aber ich bemerke, daß mein Geist schläft. – Wenn er bis jetzt wach geblieben wäre, hätte ich nicht vor undenklicher Zeit den verderblichen Instinkten nachgegeben!

Er gleicht der

Aveugle irréveillée aux immenses prunelles.[5]

Nie erweckten Blinden mit den großen Augäpfeln.

Il eut son âme et son cœur, toute sa force, élevés en des erreurs étranges et tristes . . . Se rappellera-t-on le sommeil continu des Mahométans légendaires, – braves pourtant et circoncis![6]

. . . hatte er seine Seele und sein Herz, seine ganze Kraft, in seltsamen und traurigen Irrtümern auferzogen. Vielleicht wird man sich des unendlichen Schlafes der legendären Mohamedaner erinnern, obwohl sie tapfer waren und beschnitten!

Seine Erinnerung ist angegriffen; man könnte sagen, sie sei einer Hälfte ihrer Welt verlustig gegangen; die Berührung mit der Materie hat sie zwar nicht ihrer Bilder beraubt, wohl aber des Bewußtseins der Welt, zu der sie gehören:

---

4) Une Saison en Enfer: L'Impossible. *Œuvres complètes,* S. 240.
5) Les Sœurs de Charité. *Œuvres complètes,* S. 86.
6) Les Déserts de l'Amour. Avertissement. *Œuvres complètes,* S. 169.

N'eus-je pas une fois une jeunesse aimable, héroïque, fabuleuse, à écrire sur des feuilles d'or, – trop de chance! Par quel crime, par quelle erreur, ai-je mérité ma faiblesse actuelle? Vous qui prétendez que des bêtes poussent des sanglots de chagrin, que des malades désespérent, que des morts rêvent mal, tâchez de raconter ma chute et mon sommeil.[7]

Hatte ich nicht einmal eine liebenswerte, heroische und wunderbare Jugend, die man auf goldenen Blättern aufzeichnen sollte? Zuviel Glück! Durch welche Schandtat, welches Irren habe ich meine gegenwärtige Schwäche verdient? Ihr, die ihr vorgebt, die Tiere selbst stießen Seufzer des Kummers aus, Kranke verzweifelten und Tote träumten schlecht, versucht, mir meinen Sturz und Schlaf zu schildern!

Er hat die Beute fahren lassen, und durch eine geheime Erstarrung findet er nicht mehr das Königreich, das er verließ. Das Schauspiel, das von Zeit zu Zeit sich vor seinen Augen abspielt, kann er ebensowenig beherrschen wie irgend ein Ergebnis, das in der Entfernung vorgeht. Oft zeigt er schon bei der Niederschrift den Abstand auf, der es von ihm trennt:

Il y a une troupe de petits comédiens en costumes, aperçus sur la route à travers la lisière du bois.[8]

Da ist eine Truppe kleiner Komödianten in Kostümen, die wir auf der Straße durch den Saum des Waldes sehen.

Und doch sind ihm seine Visionen Ereignisse, die unmittelbar neben ihm stattfinden:

---

7) Une Saison en Enfer: Matin. *Œuvres complètes,* S. 242.
8) Les Illuminations: Enfance. *Œuvres complètes,* S. 177.

Je baisse les feux du lustre, je me jette sur le lit, et tourné du côté de l'ombre, je vous vois, mes filles! mes reines![9]

Ich drehe die Flamme der Hängelampe herab, ich werfe mich aufs Bett und, gegen den Schatten gewandt, sehe ich euch, meine Mädchen, meine Königinnen!

Sie sind in unmittelbarer Reichweite. Wenn er sich auf die Seite legt, seine Arme weit ausstreckt, gelingt es ihm gerade, sie zu berühren. Es ist ein Reflex, der vorüberhuscht, den nichts hindern kann zu verlöschen:

Dans les villes la boue m'apparaissait soudainement rouge et noire, comme une glace quand la lampe circule dans la chambre voisine.[10]

In den Städten erschien mir der Straßenstaub plötzlich rot und schwarz wie ein Spiegel, wenn die Lampe im Nebenzimmer pendelt.

Nirgendwo besser drückt sich dieser Mangel eines zupackenden Griffs besser aus als in dem *Aube* betiteltem Gedicht. Hier bemerkt man deutlich, wie ein namenloser Gegenstand, dessen sich der Dichter zu bemächtigen sucht, sich verflüchtet. Schwindelnde und vergebliche Jagd, unaufhörlich erfolgloses Bemühen, das Unfaßbare festzulegen, dem am Ende nur ein halber Erfolg beschieden ist:

En haut de la route, près d'un bois de lauriers, je l'ai entournée avec ses voiles amassés, et j'ai senti un peu son immense corps.[11]

---

9) Les Illuminations: Phrases. *Œuvres complètes,* S. 186.
10) Une Saison en Enfer: Mauvais Sang. *Œuvres complètes,* S. 223.
11) Les Illuminations: Aube. *Œuvres complètes,* S. 194.

Oben auf der Straße, in der Nähe eines Lorbeerhains, habe ich sie mit ihren zusammengerafften Schleiern gefesselt. Und ich fühlte kaum ihren unendlichen Leib.

Deutlich erkennen wir nun, daß Rimbauds Werk zum ersten etwas von seiner Seele Verschiedenes enthält, ein Außenelement, und daß wir zweitens nicht darauf rechnen dürfen, Rimbaud erkläre uns, was es sei. Er kann es gerade noch undeutlich aufzeigen; sein Besitz ist zu unsicher, daß er noch Erklärungen hinzufügen könnte. Es verdient schon Lob, daß er es für uns zurückhält, es daran hindert, vorüberzueilen. — Uns bleibt also die Aufgabe, dies Dokument zu dechiffrieren. Hier ist es roh unseren Händen übergeben worden. Betrachten, untersuchen wir es von allen Seiten! Es ist etwas darin, das wir mit Geduld und Geschicklichkeit vielleicht erkennen mögen. Hier ist eine dunkle Botschaft, deren Sinn wir uns zugänglich machen müssen. Einfacher: Versuchen wir, da Rimbaud selbst es nicht weiß, zu bestimmen, was das uns Gezeigte ist.

II

Es gilt, den unscheinbarsten Hinweis aufzugreifen.

A gauche le terreau de l'arête est piétiné par tous les homicides et toutes les batailles, ... Derrière l'arête de droite la ligne des orients, des progrès.[1]

Auf der linken Seite ist das Erdreich des Kammes zerstampft von allen Morden, allen Schlachten ... Hinter dem rechten Grat die Linie der Sonnenaufgänge, des Fortschritts.

Häufig findet man in den *Illuminations* eine sorgfältige räumliche Aufteilung der Handlung, das Bemühen, das Schauspiel zu verteilen, es aufzugliedern.[2] In der Tat ist alles, was uns hier vorgestellt wird, gebrochen, im Begriff sich aufzulösen; es sind die Trümmer eines Gegenstandes, die wir vor uns haben:

Sont-ce des airs populaires, des bouts de concerts seigneuriaux, des restants d'hymnes publics?[3]

Sind es Volkslieder, Stücke herrschaftlicher Konzerte, Überbleibsel von Nationalhymnen?

---

1) Les Illuminations: Mystique. *Œuvres complètes,* S. 193.

2) Vgl. «L'ancienne Comédie poursuit ses accords et divise ses idylles.» (Les Illuminations: Scènes. *Œuvres complètes,* S. 199) und: «L'opéra-comique se divise sur notre scène à l'arête d'intersection de dix cloisons dressées de la galérie aux feux.» (ebd., S. 200), ferner: «A droite l'aube d'été» (Les Illuminations: Ornières. *Œuvres complètes,* S. 188).

3) Les Illuminations: Les Ponts. *Œuvres complètes,* S. 187.

Wenn auch die Objekte noch in ihrer natürlichen Ordnung erscheinen, eines neben dem anderen, so stehen sie doch schon bezugslos nebeneinander, wir erblicken sie im Augenblick, da sie den Kontakt miteinander verlieren, in dem jedes, ohne sich von der Stelle zu rühren, vereinsamt:

Assez connu. Les arrêts de la vie. – O Rumeurs et visions![4]

Genug erkannt. Augenblicke, in denen das Leben stillsteht. O Getöse und Visionen!

Öfter noch erblicken wir sie an einem Platz, der ihnen nicht zukommt, wenn man so sagen kann, entwurzelt. Sie befinden sich nicht mehr im rechten Verhältnis zueinander, sie haben sozusagen das Schrankfach gewechselt:

Des fêtes amoureuses sonnent sur les canaux pendus derrière les chalets.[5]

Liebesfeste klingen über den Kanälen, die hinter den Chalets aufgehängt sind.

Au-dessus du niveau des plus hautes crêtes, une mer troublée par la naissance éternelle de Vénus . . .[6]

Weit über den höchsten Graten, ein Meer, aufgewühlt von der ewigen Geburt der Venus.

Rimbaud ist besessen von der Vorstellung von Höhenunterschieden:

---

4) Les Illuminations: Départ. *Œuvres complètes,* S. 183.
5) Les Illuminations: Villes. *Œuvres complètes,* S. 189.
6) Les Illuminations: Enfance. *Œuvres complètes,* S. 178.

Qu'on me loue enfin ce tombeau, blanchi à la chaux avec les lignes du ciment en relief, – très loin sous terre ... A une distance énorme au-dessus de mon salon souterrain, les maisons s'implantent, les brumes s'assemblent ... Moin haut, sont les égouts. Aux côtés rien que l'épaisseur du globe.[7]

Man miete mir endlich dies Grab, kalkgetüncht, mit Relieflinien aus Zement, sehr tief in der Erde. – In ungeheurer Entfernung über meiner unterirdischen Wohnung, wurzeln sich die Häuser ein, ziehen sich die Nebel zusammen. – Weniger hoch, die Kloaken. Auf den Seiten, nichts als die Stärke des Erdballs.

Sur quelques points des passerelles de cuivre, des plates-formes, des escaliers qui contournent les halles et les piliers, j'ai cru pouvoir juger la profondeur de la ville! C'est le prodige dont je n'ai pu me rendre compte: quels sont les niveaux des autres quartiers sur ou sous l'acropole?[8]

Von einigen Punkten der kupfernen Übergänge, der Terassen und Treppen aus, die um die Hallen und Säulen herumführen, glaubte ich, die Tiefe der Stadt abschätzen zu können! Das ist das Wunder, über das ich mir keine Rechenschaft geben konnte: auf welcher Höhe liegen die anderen Stadtteile über oder unter der Akropolis?

Die Stockwerke vervielfachen sich, und jeder Zusammenhang erlischt. Das Aufreißen der Landschaft in die Höhe bewirkt, daß ihre Teile sich nicht länger zusammenfügen:

---

7) Les Illuminations: Villes. *Œuvres complètes,* S. 191 – Vgl. «Et leurs railways flanquent, creusent, surplombent les dispositions de cet hôtel.» (Les Illuminations: Promontoire, *Œuvres complètes,* S. 199) und: «A sa vision esclave, l'Allemagne s'échafaude vers des lunes.» (Les Illuminations: Soir historique. *Œuvres complètes,* S. 200).
8) Les Illuminations: Villes II. *Œuvres complètes,* S. 192.

Là encore, les maisons ne se suivent pas.[9]

Auch da folgen die Häuser nicht aufeinander.

Eine Leerstelle entsteht, eine geheimnisvolle und heimtückische Leere drängt sich zwischen die Dinge und hebt die Täuschung ihrer Zusammengehörigkeit auf. In Rimbauds Werk gibt es ein Thema, das man das Riß- oder Breschen-Motiv nennen könnte. In einer Ecke des Bildes ereignet sich plötzlich etwas, das seine Festigkeit bedroht, ein unmerklicher Einbruch, der hinunterkriecht und sich vergrößert, ein Spalt, der sich öffnet und verbreitert. Und dieser Einbruch geschieht fast immer von oben her:

Pourquoi une apparence de soupirail blêmirait-elle au coin de la voûte?[10]

Warum sollte der bleiche Schimmer eines Kellerloches in der Ecke des Gewölbes erscheinen?

Schon in seinen ersten Gedichten liebte Rimbaud es, das Eindringen der Luft oder des Tageslichtes in die Dichte der Dinge aufzuzeichnen:

Sous un golfe de jour pendant du toit.[11]

Unter einem Lichtgolf, der vom Dach hing.

Vers la chandelle, aux trous du toit coulait l'air blanc.[12]

Zur Kerze strömte durch die Löcher des Dachs die weiße Luft.

---

9) Les Illuminations: Villes II. *Œuvres complètes*, S. 192.
10) Les Illuminations: Enfance. *Œuvres complètes*, S. 178.
11) Les Poètes de sept ans. *Œuvres complètes*, S. 77.
12) Les Premières Communions. *Œuvres complètes*, S. 91.

In den *Illuminations* häuft sich noch das «unausweichliche Herabsteigen vom Himmel»:[13]

– Je sais que c'est Toi qui, dans ces lieux
Mêles ton Bleu presque de Sahara![14]

Ich weiß, Du bist's, der du dein Blau, fast aus der Sahara, an diese Stelle mischst.

In jeder Vision, und zumeist auf dem Höhepunkt, findet sich ein Meerarm oder irgendein räumlicher Abgrund:

Le haut quartier a des parties inexplicables: un bras de mer, sans bateaux, roule sa nappe de grésil bleu entre des quais chargés de candelabres géants.[15]

Das obere Stadtviertel hat unerklärliche Teile: Ein schiffloser Meerarm rollt sein blaues Graupeltuch zwischen Kaimauern, auf denen ungeheure Kandelaber lasten.

Peut-être des gouffres d'azur, des puits de feu.[16]

Abgründe von Azur vielleicht, und Brunnen von Feuer.

Diese Abgründe, welche sich von oben öffnen, sind Manifestationen der Leere, an der die Wirklichkeit heimlich erkrankt ist — und welche sie endlich aufsaugen wird. Denn diese seltsame Krankheit bleibt nicht

---

13) «L'inévitable descente du ciel»: Les Illuminations: Jeunesse. *Œuvres complètes,* S. 206.
14) Bruxelles. *Œuvres complètes,* S. 137 – Var. (Rivière): «dans ces lierres».
15) Les Illuminations: Villes II. *Œuvres complètes,* S. 191 – Vgl. «L'eau est grise et bleue, large comme un bras de mer.» (Les Illuminations: Les Ponts. *Œuvres complètes,* S. 187).
16) Les Illuminations: Enfance. *Œuvres complètes,* S. 178.

untätig: im Gegenteil versucht sie, die Ordnung der Landschaft, in der sie sich festgesetzt hat, zu zerstören:

Un souffle ouvre des brèches opéradiques dans les cloisons, – brouille le pivotement des toits rongés, – disperse les limites des foyers, – éclipse les croisées.[17]

Ein Windstoß öffnet operhafte Breschen in die Wände, – zerstört die Verankerung der zernagten Dächer, löst die Umrisse der Behausungen auf, – verdunkelt die Fenster.

Und die Dinge, die eben noch so gut zusammenzuhalten schienen, lösen sich von einander ab, lösen sich auf:

La muraille en face du veilleur est une succession psychologique de coupes de frises, de bandes atmosphériques et d'accidences géologiques.[18]

Die Wand gegenüber dem Wachenden ist eine gefühlte Folge von Friesenschalen, atmosphärischen Streifen und geologischen Ausbrüchen.

Könnten wir vorstoßen bis zum Ende dieser uns so vertrauten Welt, die uns umgibt, so würde nichts von ihr bleiben.

Un rayon blanc, tombant du haut du ciel anéantit cette comédie.[19]

Ein weißer Strahl, der hoch vom Himmel fällt, vernichtet diese Komödie.

---

17) Les Illuminations: Nocturne vulgaire. *Œuvres complètes,* S. 195.
18) Les Illuminations: Veillées. *Œuvres complètes,* S. 192.
19) Les Illuminations: Les Ponts. *Œuvres complètes,* S. 187.

Verstreuung, Auflösung, geheimnisvolles Chaos. Trotzdem erkennen wir die Stücke dieser zerbrochenen Wirklichkeit wieder:

C'est certes, la même campagne. La même maison rustique de mes parents: la salle même où les dessus de portes sont des bergeries roussies, avec des armes et des lions.[20]

Es ist sicherlich die gleiche Landschaft. Das gleiche rustikale Haus meiner Eltern: sogar der Saal, wo die Türfüllungen versengte Schäferwelten darstellen, mit Wappenzeichen und Löwen.

Was an unseren Augen vorüberzieht, haben wir alles schon einmal gesehen; wir können es benennen. Woher also rührt diese seltsame Unordnung, in der wir es wiederfinden, und welches ist das Schauspiel, zu dem die *Illuminations* uns Zugang verschaffen? Was ist der Gegenstand, den Rimbaud uns zeigt?

Es ist nicht eine andere Welt, sondern diese Welt im Zustand der Desorganisation durch die andere. Nicht eine unentdeckte Landschaft, sondern unsere unmittelbarste Umgebung, die durch die Nachbarschaft des Jenseits ihren Zusammenhalt verliert. Die Möbel eines Zimmers, die Bäume, die man durch das Fenster erblickt: aber sie erscheinen uns ein wenig abgerückter als wir sie sonst zu sehen gewohnt sind, schon in das Anziehungsfeld des Übernatürlichen einbezogen. Wie ein Komet, der in das Schwerefeld eines großen Sterns eingetreten ist, an Masse verliert, bricht, zerreißt und dem Nichts

20) Les Déserts de l'Amour. *Œuvres complètes,* S. 171.

die Elemente, aus denen er besteht, zurückgibt, so überraschen die *Illuminations* unsere Welt dabei, wie sie der anderen nachgibt; wir wohnen ihrer panischen, plötzlichen Zerstörung bei. Alle unsere Vorsichtsmaßnahmen, sämtliche Zwischenräume zu verstopfen, erweisen sich mit einem Male als hinfällig. Die Gefahr kam von hinten; das leuchtend unsichtbare Antlitz ist ganz nah und strahlt in unsere Welt hinein. Alles schwankt und verliert an Dichte. Wir rührten uns nicht, aber die unwiderstehliche Anziehungskraft um uns tut ihr Werk.

An dieser Stellen können tausend Zitate angeführt werden, die dafür zeugen, daß das Drama, welches die *Illuminations* uns vorführen, das Verschwinden der natürlichen Welt gegenüber jener anderen ist.

Überall zerbröckelt leise die gewohnte Landschaft, in der wir eingeschlossen waren, wie unterhöhlt durch einen ungeheuren unterirdischen Strom, bricht zusammen, verwandelt sich:

Puis, ô désespoir! la cloison devint vaguement l'ombre des arbres, et je me suis abîmé sous la tristesse amoureuse de la nuit.[21]

Und dann, o Verzweiflung!, wurde die Wand undeutlich zum Schatten der Bäume und ich vertiefte mich unter der verliebten Trauer der Nacht.

Plötzlich bemerkt man, daß da, wohin man den Fuß setzen wollte, sich etwas bewegt und plätschert, bemerkt man eine unbestimmte Transparenz:

---

21) Les Déserts de l'Amour. *Œuvres complètes,* S. 171.

Eh! l'humide carreau tend ses bouillons limpides!
L'eau meuble d'or pâle et sans fond les couches prêtes;
Les robes vertes et déteintes des filettes
font les saules, d'où sautent les oiseaux sans brides.[22]

Je nun! das feuchte Geviert wirft seine klaren Blasen! Das Wasser stattet sein gegenwärtiges Bett mit grundlosem, bleichem Gold aus. Die grünen, verschossenen Kleider der kleinen Mädchen stellen Weiden dar, von denen zaumlose Vögel springen.

Jeder Ort wird zur Stelle für das Andere:

– Boulevard sans mouvement ni commerce,
Muet, tout drame et toute comédie,
Réunion des scènes infinies . . .[23]

Regloser Boulevard ohne Verkehr,
Stumm, ganz Drama, ganz Schauspiel,
Platz unendlicher Szenen . . .

Sich auf einen Punkt stellen heißt schon nicht mehr dort sein, «denn er hat dem schaumigen Winter und dem lärmenden Sommer ein offenes Haus bereitet».[24] Einen Gegenstand betrachten heißt ihn sich öffnen zu sehen, dabeizusein, wie er aufbricht und vor dem, was er verhüllte, schwindet:

La plaque du foyer noir, de réels soleils des grèves: ah! puits des magies; seule vue d'aurore, cette fois.[25]

Die schwarze Herdplatte wie wirkliche Sonnen von Stränden. Oh, magischer Brunnen, einziger Anblick der Morgenröte, für dieses Mal.

22) Mémoire. *Œuvres complètes,* S. 122.
23) Bruxelles. *Œuvres complètes,* S. 137.
24) «Puisqu'il a fait la maison ouverte à l'hiver écumeux et à la rumeur de l'été.» (Les Illumations: Génie. *Œuvres complètes,* S. 205).
25) Les Illuminations: Veillées. *Œuvres complètes,* S. 193.

Freilich, nicht ganz verlassen wir diese Stelle. In Wahrheit gehen wir nicht über in die andere Welt. Doch einen ersten Zustand der Dinge lassen wir hinter uns.

Quant au monde, quand tu sortiras, que sera-t-il devenu? En tout cas, rien des apparences actuelles.[26]

Was die Welt betrifft, was wird aus ihr, wenn du sie verläßt? Jedenfalls nichts, was der Gegenwart gleicht.

Wir tun einen Schritt, doch wir kommen nicht voran. Etwas anderes hat sich an die Stelle geschoben, dessen Platz dies nicht war, etwas, mit dem es leicht und gleichzeitig absurd wäre, den Übergang zu vollziehen:

Le long de la vigne, m'étant appuyé du pied à une gargouille, – je suis descendu dans ce carosse dont l'époque est assez indiquée par les glaces convexes, les panneaux bombés et les sophas contournés.[27]

Längs der Weinberge – mit dem Fuß hatte ich mich auf eine Wasserröhre gestützt – bin ich in jener Kutsche hinuntergefahren, deren gewölbte Scheiben, bauchige Wände und gewundene Polstersitze leicht erkennen lassen, aus welcher Zeit sie stammt.

Die gewöhnlichen Dinge nehmen uns, auf eine geheimnisvoll unverständliche Weise, unaufhörlich mit sich in ihr Chaos.

Diese Unordnung sieht man sich hinter dem Vorhang der unmittelbaren Realität regen, als wäre sie etwas Älteres und Wirklicheres als ihre Bestandteile:

26) Les Illuminations: Jeunesse. *Œuvres complètes,* S. 208.
27) Les Illuminations: Nocturne vulgaire. *Œuvres complètes,* S. 195 – Vgl.: «Un pont conduit à une poterne immédiatement sous le dôme de la Sainte Chapelle.» (Les Illuminations: Villes. *Œuvres complètes,* S. 191).

C'est elle, la petite morte, derrière les rosiers. – La jeune maman trépassée descend le perron. – La calèche du cousin crie sur le sable. – Le petit frère – (il est aux Indes!) là, devant le couchant, sur le pré d'œillets. – Les vieux qu'on a enterrés tout droits dans le rempart aux giroflées.[28]

Sie ist's, das kleine tote Mädchen, hinter den Rosenbüschen. – Die junge verstorbene Mama steigt die Stufen hinab. – Die Kalesche des Vetters knirscht auf dem Sand. – Der kleine Bruder (er ist in Indien!) steht dort, vor dem Sonnenuntergang auf der Nelkenwiese. – Die Alten, die man begraben hat, ganz aufrecht im Bollwerk der Levkojen.

Das steigt von selbst wieder herauf, wie die «Alten, die man begraben hat». Die Welt findet zurück zu ihrer ursprünglichen Unverbundenheit, sie läßt sich mit unseren Kategorien nicht mehr erfassen; die Dinge sind nicht mehr an ihre Grenzen gebunden und wiedererwachen zu einer wirren Ungeheuerlichkeit der reinen Existenz, welche der Geist weder begriff noch je selbst erschaffen hat. Etwas Doppelgängerisches leuchtet in ihnen auf:

Les lampes et les tapis de la veillée font le bruit des vagues, la nuit, le long de la coque et autour du steerage.[29]

Die Lampen und Teppiche der Nachtwache klatschen wie die Wellen, in der Nacht, an die Schiffswand und um das Ruder.

Auf einmal nehmen die Dinge wieder jene seltsamen Verhaltensweisen an, die ehemals zwischen ihnen bestanden und die nicht gemacht waren, von uns betrach-

---

28) Les Illuminations: Enfance. *Œuvres complètes*, S. 167 f.
29) Les Illuminations: Veillées. *Œuvres complètes*, S. 193.

tet zu werden. Sie vereinigen sich auf ganz willkürliche Weise:

Les chars d'argent et de cuivre –
Les proues d'acier et d'argent –
Battent l'écume, –
Soulèvent les souches des ronces . . .[30]

Die silbern und kupfernen Wagen –
Die Buge aus Stahl und aus Silber –
Schlagen den Schaum,
Heben die Strünke der Dornen empor . . .

Die Dinge treten wieder hervor mit der ungeheuren Freiheit, derer sie sich zu Zeiten ihrer Nutzlosigkeit erfreuten. Indem sie aufhören, zu diesem oder jenem Zweck bestimmt zu sein, kommen sie aufgeladen mit Möglichkeiten zurück, die ihnen wie zu einer zweiten und unerklärlichen Natur werden:

A chaque être, plusieurs autres *vies me semblaient dues. Ce monsieur ne sait ce qu'il fait: il est un ange. Cette famille est une nichée de chiens.*[31]

Zu jedem Wesen, schien mir, gehörten mehrere *andere* Leben. Dieser Herr weiß nicht, was er tut: Er ist ein Engel. Diese Familie ist ein Wurf von Hunden.

Rückkehr zum Chaos. Nirgendwo ist das Nahen des Chaotischen und das Grauen, wenn man so sagen darf, besser ausgedrückt als in *Enfance*. Nirgendwo wohnt

---

30) Les Illuminations: Marine. *Œuvres complètes,* S. 196.
31) Une Saison en Enfer: Délires II: Alchimie du Verbe. *Œuvres complètes,* S. 237.

man unmittelbar der Krise unserer Welt unter dem Anruf der anderen bei. Man sieht, wie sie kränkelt, verarmt, sich leert und versteppt:

On suit la route rouge pour arriver à l'auberge vide. Le château est à vendre; les persiennes sont détachées. – Le curé aura emporté la clef de l'église. – Autour du parc, les loges des gardes sont inhabitées. Les palissades sont si hautes qu'on ne voit que les cimes bruissantes. D'ailleurs, il n'y a rien à voir là-dedans.
Les près remontent aux hameaux sans coqs, sans enclumes. L'écluse est levée. O les calvaires et les moulins du désert, les îles et les meules.[32]

Man folgt der roten Straße, um zu der leeren Herberge zu gelangen. Das Schloß ist zu verkaufen: die Läden sind abgerissen. Der Pfarrer hat wohl den Schlüssel der Kirche mitgenommen. Rings um den Park sind die Wächterhäuschen unbewohnt. Der Zaun ist so hoch, daß man nur die rauschenden Wipfel sieht. Übrigens gibt es drinnen nichts zu sehen.
Die Wiesen steigen auf zu Weilern ohne Hähne und Ambosse. Die Schleuse ist hochgezogen. O die Kalvarien und die Mühlen der Wüste, die Eilande und Heuschober!

Eine Art Schweigen bildet sich um uns, gleichzeitig leer und drückend; alles versammelt sich, alles scheidet sich ab vom Leben und seinem Lärm. Da stehen wir, «weit jenseits der Herden und Jahreszeiten, der Wesenheiten und Länder».[33] Eine schwebende Erwartung, ein übernatürliches Streben verschlingt jedes Geräusch. Die Landschaft wird karg, trocken und durchsichtig, so daß

---

32) Les Illuminations: Enfance. *Œuvres complètes,* S. 177.
33) «bien après les fours et les saisons, et les êtres et les pays» (Les Illuminations: Barbare. *Œuvres complètes,* S. 198).

man fühlt, wie bald sie vernichtet werden kann; sie ist der Grenze des Lebens ganz nah:[34]

Les sentiers sont âpres. Les monticules se couvrent de genêts. L'air est immobile. Que les oiseaux et les sources sont loin! Ce ne peut être que la fin du monde, en avançant.[35]

Die Pfade sind holprig. Die Hügel beziehen sich mit Ginster. Die Luft ist regungslos. Wie fern sind Vögel und Quellen! Es kann nur das Ende der Welt sein, das herannaht.

«Das Ende der Welt, das herannaht»: Das ist das geheime Objekt der Betrachtungen Rimbauds, welches die Bemerkungen seines Notizbuches festhalten und aufbewahren. Das ist das Schauspiel, welches wir unter tausend verschiedenen Formen in den *Illuminations* dargestellt finden.

34) Die Idee des Extremen, der Grenzbereich findet sich überall in seinem Werk: «Ces derniers potagers» (Les Illuminations: Métropolitain, S. 197), «Ces parfums pourpres du soleil des pôles» (ebd.), «Par une route de dangers, ma faiblesse me menait aux confins du monde et de la Cimmérie, patrie de l'ombre et des tourbillons.» (Une Saison en Enfer: Délires II: Alchimie du Verbe. *Œuvres complètes,* S. 237).
35) Les Illuminations: Enfance. *Œuvres complètes,* S. 178.

III

Gleichwohl haben wir nicht das Recht, diese Interpretation der *Illuminations* für die einzig vorstellbare zu erklären. Manche werden zweifellos davor zurückschrecken, sie zu akzeptieren; für viele hervorragende Köpfe — unter ihnen sogar einige, die Rimbaud zu bewundern bekennen — sind die *Illuminations* nicht mehr als ein nur subjektives Spiel, eine Art artifizieller Fantasmagorie. Folgt man ihrer Auffassung, dann gehören die Vorstellungen, welche das Werk in uns hervorruft, weit entfernt, von den Außenbezirken des Übernatürlichen herzustammen, im Gegenteil der nächsten und unmittelbarsten Welt an, derjenigen nämlich der Phantasie; wir stehen vor der Realität, nicht jenseits der Wirklichkeit. Was uns vorgeführt wird, ist die *absichtlich schief gesehene* Realität. Der Dichter desorganisiert sie wissentlich; die Unordnung, die wir vorfinden, hat er selbst durch willentliches Schielen, mit Hilfe völlig vorbedachter Verfahrensweisen hervorgebracht: Unterdrücken natürlicher Übergänge, bis zum Absurden vorangetriebene Analyse seiner Wahrnehmungen, willkürliche Zusammensetzung der erhaltenen Einzelteile.

Es ist unmittelbar ersichtlich, wie weit diese beiden Interpretationen voneinander abweichen, welche unterschiedlichen Haltungen in der Diskussion aufeinanderstoßen, die wir hier eröffnen. Es handelt sich, kurz gesagt, darum zu wissen, ob das, was Rimbaud sah, ein Etwas ist oder ein Nichts, ob wir uns, anders gesagt, vor einem Dokument des Jenseitigen befinden oder vor einer simplen dichterischen Phantasie im Geschmack des *Gaspard de la Nuit* oder der *Chants de Maldoror.*[1]

Indem wir das Problem auf solche Weise stellen, verlassen wir deutlich den Bezirk der schönen Literatur. Vielmehr stellen wir diejenigen gegeneinander, die ihn um keinen Preis verlassen wollen und die, welche in Rimbaud eine Gelegenheit sehen, die Grenze des nur Literarischen zu überschreiten. Jene bewundern in den *Illuminations* einfach das schöne Kunstwerk, diese fühlen sich aus geheimeren, ungewöhnlicheren Gründen zu ihnen hingezogen: denn sie glauben, aus ihnen ein Licht der Wahrheit strahlen zu sehen. Den ästhetischen Geistern stehen in dieser Auseinandersetzung die metaphysisch gestimmten gegenüber. Bereits genugsam habe ich deutlich gemacht, daß ich mich auf Seiten der letzteren befinde. Dies geschah keineswegs aus theoretischem Entschluß oder Voreingenommenheit. Ich glaube jedoch,

---

1) Aloysius Bertrand: Gaspar de la nuit. Fantaisies à la manière de Rembrandt et de Callot. (postum 1842) – Isidore Ducasse, (dit) Comte de Lautréamont: Les Chants de Maldoror (1869). (Anm. des Übers.)

in Rimbaud einen Finger jenes «ungeheuren Leibes» der Wahrheit zu berühren, die eines Tages ganz zu umfassen mein einziges Bestreben ist. Ohne Mühe wird man verstehen, daß ich, sollte man sie selbst für eine Illusion halten, eine so kostbare Gewißheit nicht kampflos preisgebe.

Je bedeutender jedoch mir eine Interpretation wird, die mir jene Gewißheit verbürgt, umso sorgfältiger gilt es, im einzelnen die Argumente zu prüfen, die sie in Frage stellen. Sie berufen sich auf zwei Texte des Rimbaud'schen Werkes, die freilich auf den ersten Blick verwirren können. Der erste ist ein Abschnitt des Briefes vom 15. Mai 1871, in dem Rimbaud seine Poetik skizziert hat.

L'intelligence universelle a toujours jeté ses idées naturellement; les hommes ramassaient une partie de ces fruits du cerveau: on agissait par, on en écrivait des livres: telle allait la marche, l'homme ne se travaillant pas, n'étant pas encore éveillé, ou pas encore dans la plénitude du grand songe. Des fonctionnaires, des écrivains: auteur, créateur, poète, cet homme n'a jamais existé!
*La première étude de l'homme qui veut être poète est sa propre connaissance entière; il cherche son âme, il l'inspecte, il la tente, l'apprend. Dès qu'il la sait, il doit la cultiver! Cela semble simple: en tout cerveau s'accomplit un développement naturel; tant d'*égoïstes *se proclament auteurs; il en est bien d'autres qui s'attribuent leur progrès intellectuel! – Mais il s'agit de faire l'âme monstrueuse: à l'instar des comprachicos, quoi! Imaginez un homme s'implantant et se cultivant des verrues sur le visage.*
Je dis qu'il faut être voyant, *se faire* voyant.

Le Poète se fait voyant *par un long, immense et raisonné* dérèglement *de* tous les sens. *Toutes les formes d'amour de souffrance, de folie; il cherche lui-même, il épuise en lui tous les poisons, pour n'en garder que les quintessences. Ineffable torture où il a besoin de toute la foi, de toute la force surhumaine, où il devient entre tous le grand malade, le grand criminel, le grand maudit, – et le suprême Savant!*[2]

Der kollektive Geist hat seine Ideen stets frei aus sich entlassen; die Menschen nahmen einen Teil dieser Früchte des Gehirns auf: man arbeitete damit, schrieb davon Bücher; so ging es, da der Mensch sich nicht bemühte, da er noch nicht erwacht war oder noch nicht in der Fülle des großen Traumes stand. Funktionäre, Schreiberlinge: Der Autor, Schöpfer, Dichter: Dieser Mensch ist noch nicht gewesen!
Das erste Bemühen des Menschen, der Dichter sein will, geht darauf, sich selbst vollständig zu erkennen; er sucht seine Seele, beobachtet sie, erprobt sie, lernt sie kennen. Sobald er sie erkannt hat, gilt es, sie zu kultivieren. Das scheint einfach: in jedem Gehirn vollzieht sich eine natürliche Entwicklung. Wie mancher Egoist gibt sich für einen Dichter aus; und es gibt selbst einige, die ihren geistigen Fortschritt sich selbst zuschreiben! Aber es geht darum, die Seele zu verunstalten, wie die Kinderhändler, was! Stellen Sie sich einen Mann vor, der seinem Gesicht Warzen einpflanzt und sie großzieht. Ich sage, daß man *Seher* sein muß, daß man sich zum *Seher* machen muß.

Der Dichter macht sich zum *Seher* durch ein langes, ungeheures und vernunftgelenktes *Verwirren aller Sinne.* Alle Formen der Liebe, des Leids, des Wahnsinns: Er sucht sie selbst, er erschöpft in sich alle Gifte und bewahrt nur ihre Quintessenz. Unaussprechliche Qual, wo er seinen ganzen Glauben braucht, seine ganze übermenschliche Kraft, wo er unter allen der große Kranke, der

2) Brief an Paul Demeny, 15. Mai 1871. *Œuvres complètes,* S. 270.

große Verbrecher, der große Verfluchte wird – und der höchste Weise.

Nichts ist entschiedener, so scheint es, als dieser Text. Rimbaud deutet darin die Poesie als ein vollkommen artifizielles Werk, als Aufzucht einiger innerer Absonderlichkeiten. Schreibt er eben noch, daß man Seher *sein* müsse, so verbessert er sogleich: man müsse sich dazu *machen.* Und er weist den Weg, der dorthin führt: «ein langes, ungeheures und vernunftgelenktes Verwirren aller Sinne.» Liegt hier nicht das Eingeständnis der Schliche vor, der Verfälschungen der Sehweise, aus denen, wie man behauptet, seine Visionen hervorgegangen sind? Bekennt der Dichter hier nicht ausdrücklich, daß es genügt, seine Empfindungen ihrem Gegenstand zu entfremden, um sich zum Seher zu machen, daß es genügt, die so scharfsinnig vollendete Maschine zu stören, die uns Nachrichten von der Außenwelt übermittelt? Dieser Text geht der Entstehung der *Illuminations* ungefähr um ein Jahr voraus. Er scheint sie mithin als ein bewußt künstliches Werk anzukündigen und gleichzeitig die Behauptung zu widerlegen, sie seien ungeplant entstanden, indem er diese Willkür als vorbedacht enthüllt.

Der zweite Text, den man uns entgegenhalten kann, ist das berühmte Kapitel der *Saison en Enfer,* das den Titel *Alchimie du Verbe* trägt. Hier die Passagen, welche mit größter Deutlichkeit für die zu diskutierende Interpretation zu sprechen scheinen:

A moi. L'histoire d'une de mes folies.[3]
La vieillerie poétique avait une bonne part dans mon alchimie du verbe.
Je m'habituai à l'hallucination simple: je voyais très franchement une mosquée à la place d'une usine, une école de tambours faite par des anges, des calèches sur les routes du ciel, un salon au fond d'un lac; les monstres, les mystères; un titre de vaudeville dressait ses épouvantes devant moi.
Puis j'expliquai mes sophismes magiques avec l'hallucination des mots!
Je finis par trouver sacré le désordre de mon esprit.[4]
Je devins un opéra fabuleux: . . .[5]
Aucun des sophismes de la folie, – la folie qu'on enferme, – n'a été oublié par moi: je pourrais les redire tous, je tiens le système.[6]
Je dus voyager, distraire les enchantements assemblés sur mon cerveau.[7]

Zu mir. Die Geschichte eine meiner Narrheiten. – Der dichterische Trödel hatte großen Anteil an meiner Wortalchimie. – Ich gewöhnte mich an die einfache Halluzination: klar sah ich an der Stelle einer Fabrik eine Moschee, sah, wie Engel Unterricht im Trommeln erteilten, Kaleschen auf den Straßen des Himmels fuhren, ein Salon am Grunde eines Sees lag; Ungeheuer, Geheimnisse; der Titel eines Vaudevilles ließ Schreckensbilder vor mir aufsteigen. – Dann erklärte ich meine magischen Spitzfindigkeiten mit der Halluzination der Worte! – Ich verfluchte endlich die Verwirrung meines Geistes. – Ich wurde eine Märchenoper. – Nicht eine Spitzfindigkeit des Wahnsinns – und diese Kranken sperrt man ein – habe ich ausgelassen: Ich könnte sie alle wiederholen,

---

3) Une Saison en Enfer: Délires II: Alchimie du Verbe. *Œuvres complètes*, S. 232.
4) Ebd., S. 234.
5) Ebd., S. 237.
6) Ebd.
7) Ebd.

denn ich besitze das System. – Ich mußte reisen, die in meinem Hirn versammelten Gespenster verjagen.

Der erste Text warf einen Blick voraus auf die *Illuminations*. Dieser hier ist eine Rückschau. Umso beunruhigender ist es festzustellen, daß beide in gewisser Weise übereinstimmen und daß Rimbaud weder vorher noch nachher seine *Illuminations* ernstzunehmen scheint. Indem er auf die Epoche zurückblickt, in der er seine Gedichtsammlung verfaßte, betrachtet er sie als einen Augenblick des Wahns; er schreibt seine damaligen Erfindungen der Krankheit zu und findet deren Quelle in einer tiefen organischen Störung:

Ma santé fut menacée. La terreur venait. Je tombais dans des sommeils de plusieurs jours, et levé, je continuais les rêves les plus tristes.[8]

Meine Gesundheit war bedroht. Der Schrecken kam auf mich zu. Ich fiel oft mehrere Tage lang in Schlaf, und wenn ich aufstand, setzten sich noch meine schlimmsten Träume fort.

Und außerdem: Ist der Haupttitel dieses Kapitels der *Saison en Enfer* nicht *Délires?* Eine Art verächtlicher Ironie bewegt diese Konfession von Anfang bis Ende. Durch den leichten, unbekümmerten Ton, den er anschlägt, scheint Rimbaud seine wunderbaren Gesichte unter die Irrtümer seines Lebens einreihen zu wollen. Für sie hat er das Lächeln, mit dem man sich an eine überstandene Krise erinnert. Und er besteht darauf,

---

8) Une Saison en Enfer. Délires II: Alchimie du Verbe. *Œuvres complètes*, S. 237.

deutlich zu machen, daß er sie hinter sich gelassen hat, denn er beendet das Kapitel mit den Worten:

Cela s'est passé. Je sais aujourd'hui saluer la beauté.[9]

Das ist geschehen. Heute kann ich die Schönheit grüßen.

Heißt das nicht deutlich bezeugen, daß er niemals glaubte, mit einem besonderen Vorrecht begabt zu sein oder anderes zu erblicken als der Durchschnittsmensch?

Dies sind die beiden Texte, auf die sich die subjektivistische Interpretation des Rimbaud'schen Werkes stützt. Ich glaube nicht an die Möglichkeit, weitere zu entdekken. Denn der Brief vom 15. Mai 1871 und die *Alchimie du Verbe* sind die beiden einzigen, in denen sich der Dichter zu Erklärungen herbeigelassen hat. Es sind in jedem Falle, und davon bin ich überzeugt, die klarsten und schlüssigsten.

Bevor wir diese Texte erörtern, gilt es, den Sinn einiger Begriffe zu erläutern, die in der Folge häufig wiederkehren werden. Wir werden uns bemühen, die «Objektivität» der Visionen Rimbauds darzulegen, wir werden von ihrem «Objekt» sprechen. Damit wollen wir keineswegs bedeuten, es gäbe ein von unserer Welt unterschiedenes Objekt, das seinen Visionen entspräche, noch daß sie unmittelbar das Jenseits darstellten, sondern wir wollen aufzeigen, daß der Zustand der Des-

---

9) Ebd., S. 238.

organisation, in welchem sie unsere Welt zur Erscheinung bringen, nicht künstlich erzeugt ist, sondern ihr angehört, daß Rimbaud ihn vorfand, ohne ihn erst erfinden zu müssen. Es ist nicht unsere Absicht, die *Illuminations* für ein Gemälde der absoluten Realität auszugeben. Gleichwohl versuchen wir zu zeigen, daß sie trotzdem ein Äquivalent außerhalb des Geistes des Dichters besitzen, daß unsere Welt in gewisser Weise ist, wie sie sie festgehalten haben, und daß das Zerstükkelte, Unzusammenhängende der Welt von außen kommt und auf solche Art ein Gegenstand für Rimbauds Werk erscheint.

Nehmen wir nun den Brief vom 15. Mai 1871 wieder vor und vervollständigen wir das Zitat, das wir bisher angezogen haben:

*Ineffable torture où il [le poète] a besoin de toute la foi, de toute la force surhumaine, où il devient entre tous le grand malade, le grand criminel, le grand maudit, – et le suprême Savant! – Car il arrive à l'*inconnu! *Puisqu'il a cultivé son âme, déjà riche, plus qu'aucun! Il arrive à l'inconnu, et quand, affolé, il finirait par perdre l'intelligence de ses visions, il les a vues; Qu'il crève dans son bondissement par les choses inouïes et innommables: viendront d'autres horribles travailleurs; ils commenceront par les horizons où l'autre s'est affaissé!* [10]

Unaussprechliche Qual, in der er seines ganzen Glaubens, seiner ganzen übermenschlichen Kraft bedarf, wo er unter allen der große Kranke, der große Verbrecher, der große Verdammte –

10) Brief vom 15. Mai 1871 an Paul Demeny. *Œuvres complètes,* S. 270f.

und der höchste Weise wird! denn er kommt an im *Unbekannten!* Weil er seine Seele, die schon reich war, mehr als jeder andere verfeinert hat! Er kommt an im Unbekannten, und wenn er, betört, am Ende seine Gesichte nicht mehr verstehen sollte, so hat er sie doch erschaut!
Mag er an dem Sprung durch die unerhörten und unsagbaren Dinge zugrunde gehen; andere schreckenerregende Arbeiter werden erscheinen; sie werden an den Horizonten anfangen, an denen der erste erschöpft niedergesunken ist!

Diese wenigen Zeilen geben der vorhin herausgelösten Textstelle einen völlig neuen Sinn. Denn wir sehen, wie hier der Gedanke eines Außenobjektes erscheint, das zu erreichen ist, eines Unbekannten, das erraten und bezwungen werden will. Der Dichter nähert sich hier dem Gelehrten, sein Werk erscheint hier nicht länger als das Produkt der Aufzucht innerer Anomalien, sondern als Entdeckung. Diese «unerhörten und unsagbaren Dinge», vor denen er zittert, scheinen nun wohlabgesondert von seiner Seele, da ja, wenn er entschwunden sein wird, andere die Suche nach ihnen werden aufnehmen können, sich ihnen weiter nähern können. Sie bestehen, da sie ihn überleben. Man wird sich ihnen zugesellen können. Sie sind mithin ein Objekt.

Werden wir zugeben, daß Rimbaud sich innerhalb weniger Zeilen widerspricht? Sollten wir nicht lieber eine Deutung versuchen, die die beiden Teile des zitierten Textes miteinander verbindet und ihnen eine gemeinsame Erklärung gibt? Wenn wir uns allerdings bemühen, den ersten Teil ein wenig näher zu untersuchen, bietet er in der Tat ein anderes Verständnis an als dasjenige, das wir zuerst für ihn hatten.

«Der kollektive Geist hat seine Ideen stets frei aus sich entlassen . . .» Das will sagen: Immer war Literatur das Sammeln der spontanen Ergebnisse des Geistes. Der Menschengeist ist ein Organ, das eine Funktion hat, und der Dichter überwacht sie («Funktionär»), leitet sie, vermerkt ihre Ergebnisse. Aber solange er nicht das Subjekt verläßt, erfährt er nichts darüber, was sich außerhalb seiner abspielt, errät er nichts, bemächtigt er sich allein des unmittelbar Gegebenen, dessen, was gleichartig und fast gleichzeitig in allen Hirnen entsteht.

«Das erste Bemühen des Menschen, der Dichter sein will, geht darauf, sich selbst vollständig zu erkennen.» Auch er, gerade er, muß mit der Erkenntnis des Subjektes beginnen, mit der gründlichen Kenntnis aller seiner Möglichkeiten. Jedoch will er damit nicht seine Sinne zu ihrer natürlichen Entfaltung bringen, will er nicht seinen Geist dorthin entwickeln, wohin er ohnedies strebt, will er nicht eine harmonische und vollendete Seele schaffen. Im Gegenteil, es handelt sich darum, «die Seele zu verunstalten». Überläßt man sie sich selbst, schützt man ihr Wachsen, so spinnt sie sich kokonartig in ein Netz praktischer Assoziationen ein. Sie ergreift Vorsichtsmaßnahmen, umgibt sich mit feststehenden Tatsachen, indem sie aus allen, was ihr widerfährt, ein Endgültiges destilliert, scheidet sich fast selbständig vom Außen ab und wird unfähig, dessen Bild in sich aufzunehmen. «Der Mensch, der Dichter werden will», muß diese Hülle zerreißen, seine Seele von jeder Gewohnheit reinigen, von allen Schlußfolgerungen befreien, um sie bereit zu machen, die Außenwelt rein wiederzuspiegeln. Er muß sie «kultivieren», urbar machen, und das will in Rimbauds Denken bedeuten: sie zerbrechen, sie umbrechen wie ein Feld, die Schollen umwenden, alles auf den Kopf stellen, alles zerstören, was allein gewachsen ist. Denn nur in einem so vorbereiteten Feld kann das Samenkorn des «Unbekannten» Wurzeln treiben und heranwachsen.

Man muß zwischen Subjekt und Objekt wählen. Nicht beide zugleich können sich entwickeln. Damit das eine gedeihe, muß das andere vollständig vernichtet werden. Aus Berufung muß der Dichter für das Objektive Partei ergreifen. Er muß «sich zum Seher machen», und das heißt nicht, Gesichte produzieren, sondern sich durch die «vernunftgelenkte Verwirrung aller seiner Sinne» in Stand setzen, sie aufzunehmen. Er gibt seine Seele preis, er opfert sich selbst, um sich für die Heimsuchung des Unmöglichen bereit zu machen:

Toutes les formes d'amour, de souffrance, de folie; il cherche lui-même, il épuise en lui tous les poisons, pour n'en garder que les quintessences.

Alle Formen der Liebe, des Leids, des Wahnsinns: Er sucht sie selbst, er erschöpft in sich alle Gifte und bewahrt nur ihre Quintessenz.

Zerbrochen, mit ausgerenkten Gliedern wie ein Märtyrer, setzt er sich einem jeden unvermuteten Ereignis aus.

Wie leicht läßt sich der zweite Teil des Textes anschließen, wenn wir diese Interpretation akzeptieren. Der Dichter «wird unter allen der große Kranke, der große Verbrecher, der große Verdammte...», das heißt, derjenige, der auf seine Seele verzichtet, der sie verkauft hat, — und «der höchste Weise», will sagen: der das Bekannte verlassen hat und im «Unbekannten» ankommt. Am Ende ist er nur mehr der Schauplatz von einem Etwas, das ihn unendlich überströmt. Wie wenig zählt, daß er es nicht mehr meistern kann! «Wenn er, betört, seine eigenen Gesichte nicht mehr begriffe, so hat er sie doch geschaut!» Hier ist das Entscheidende; sein Auftrag ist erfüllt. Schlimm genug, wenn «er umkommt» nach dem Sprung, den er tat! Etwas ist von ihm und durch ihn erkannt worden und wird bleiben. Andere werden von dem Punkt ausgehen, wo er niedersank, um unsere Erfahrung des Übernatürlichen weiterzutragen.

Wir haben nun das Zeugnis der *Alchimie du Verbe* zu erörtern.

Die besondere Gewichtigkeit dieses Textes beruht in erster Linie auf dem Ton, in dem Rimbaud von seinen Visionen spricht. Er läßt fühlen, wie weit entfernt sie von ihm sind, er ordnet sie verächtlich den Krankheiten zu, an deren Existenz man nur glaubt, solange man unter ihnen leidet.

Aber wir dürfen uns nicht einschüchtern lassen. Beachten wir, daß es keinen Grund gibt, eher der Verachtung des Dichters als seinen früheren Intuitionen Glauben zu schenken. Denn seine Verachtung erklärt sich leichter als diese. Es ist einfach zu sehen, wie sie ihm eingeflößt worden ist. Wir haben bemerkt, daß Rimbaud sein Werk schafft, ohne dessen wahre Natur zu erfassen; selbst im Augenblick der Niederschrift weiß er nicht, was seine Visionen darstellen. In einem Brief, der den *Illuminations* um kurze Zeit vorangeht, schildert er sich selbst als «vertieft in eine schändliche Arbeit, albern, ausdauernd und geheimnisvoll».[11] Dichtgebeugt sitzt er über seinem Werk und sieht nur die Mühe, die es ihm macht; er findet es unsinnig. An Delahaye schreibt er sogar:

Je travaille pourtant assez régulièrement; je fais de petites histoires en prose, titre général: Livre païen, ou Livre nègre. C'est bête et innocent. O innocence! innocence; innocence, innoc... fléau![12]

Ich arbeite trotzdem ziemlich regelmäßig. Ich mache kleine Geschichten in Prosa, Haupttitel: Heidnisches oder Neger-Buch. Ist dumm und unschuldig. O Unschuld, Unschuld, Unschuld, Unschu- Geißel!

11) «recueilli dans un travail infâme, inepte, obstiné, mystérieux» (Brief an Paul Demeny, 28. August 1871. *Œuvres complètes*, S. 279).

12) Brief an Ernest Delahaye, Mai 1873. *Œuvres complètes*, S. 288.

Hier ist nicht die geringste literarische Eitelkeit: Rimbaud betrachtet sein Werk tatsächlich als plattes, einträgliches Geschäft. Ist es erstaunlich, daß er, sobald er es hinter sich gebracht hat, es vernachlässigt, als «eher komisch» betrachtet? Eben noch wußte er nicht, was es zu bedeuten hatte. Umso stärkere Gründe hat er nun, seine Augenblicke der Exstase mit einem gleichzeitig amüsierten, schamhaften und unruhigen Blick zu betrachten. Die genaue Nuance seines Gefühls finde ich in jenem Satz ausgedrückt, der voll von Ironie, Entschuldigung und vagem Zweifel steckt, ob er am Ende nicht doch recht gehabt habe: «Endlich verfluchte ich die Verwirrung meines Geistes.» Wenn wir ihn jedoch wohl verstanden haben, können wir keine andere Haltung von ihm erwarten. Sie ist ganz natürlich. Aber wir dürfen darin gerade eine der Einzelheiten erblicken, die unsere These bestätigen, zumal, wenn wir uns ihre Fragestellung vergegenwärtigen.

«Einen Mystiker im Stande eines Wilden» nannte Paul Claudel den Dichter; das heißt, ein Mystiker, der von keinem Dogma gehalten wird. Und so weiß er auch nicht, woher seine Gesichte stammen, während er sie aufnimmt; sie sind verblaßt, und schon besitzt er nichts mehr, das seinen Glauben an sie stützte; er sitzt auf dem Trockenen, er versteht nichts von dem, was sich zutrug; es bleibt ihm nichts übrig, als sich des Wahnsinns anzuklagen. Werden wir ihm ohne weiteres Glauben schenken?

Hüten wir uns jedoch, allzusehr das Unbewußte hervorzuheben. Nachdem wir uns der so deutlichen Erklärungen des «Seherbriefes» bedient haben, sollte man nicht übersehen wollen, was sie an Reflexion, Planung und Abwägen bei Rimbaud aufzeigen. So sind wir genötigt, in den zitierten Textabschnitten der *Alchimie du Verbe* eine andere Entschuldigung zu finden als die wilde, ungezähmte Mystik des Autors. Wenn wir uns jedoch des Sinnes erinnern, den wir dem Begriff des «Sehers» gegeben haben, klären sich diese Passagen ganz natürlich und hören auf, uns Schwierigkeiten zu bereiten.

Rimbaud schreibt seine Visionen einer Art krankhafter Krise zu, einer organischen Störung. Aber diese Krise war in Wirklichkeit unerläßlich zu ihrem Erscheinen; sie entspricht der inneren Verstörung, der Auflösung aller praktischen Bezüge zu den Dingen, welche den Gesichten den Weg bereitet. Das besagt nicht, daß diese Störung sie hervorgebracht oder gar fabriziert hätte. Der Dichter ist «unter allen der große Kranke», schrieb Rimbaud. Aber seine Krankheit besteht darin, daß er einer anderen Bestimmung zugeführt wird, daß er den Gebrauch aller seiner Fähigkeiten verliert, die, statt gemeinsam am Werk des Lebens zu arbeiten, eine Art gegenseitiger Einsamkeit, Leere und Untätigkeit annehmen. Ist dies nicht gerade der Zustand, den Rimbaud in seiner *Alchimie du Verbe* beschreibt:

J'étais oisif, en proie à une lourde fièvre: j'enviais la félicité des bêtes, – les chenilles, qui représentent l'innocence des limbes, les taupes, le sommeil de la virginité! ... Je tombais dans des sommeils de plusieurs jours.[13]

Ich war müßig und fiel einem schweren Fieber anheim: Ich beneidete die Tiere um ihre Glückseligkeit – die Raupen, welche die Unschuld des noch Unbestimmten verkörpern, die Maulwürfe, den Schlaf der Jungfräulichkeit ... Ich fiel oft mehrere Tage lang in Schlaf.

Ist diese Untätigkeit nicht gerade der Gegensatz zum schöpferischen Zustand und entspricht sie nicht eher der vollkommenen und dunklen Bereitschaft, die wir beschrieben haben?

Was die Begriffe angeht, die eine dichterische Initiative, ein Bemühen, eine überlegte Anstrengung im Künstlichen ausdrücken: «ich gewöhnte mich an die einfache Halluzination — meine magischen Spitzfindigkeiten — keine Spitzfindigkeit des Wahns ... ist von mir ausgelassen worden — ich habe das System», so wissen wir bereits, wie wir sie auszulegen haben. Sie bezeichnen einfach die vorgängige Erziehung der Seele, die Rimbaud in seinem «Seherbrief» so eingehend beschreibt. Was sie an angestrengter Künstlichkeit suggerieren, betrifft nur die vorausgehende Arbeit, die das

13) Une Saison en Enfer: Délires II: Alchimie du Verbe. *Œuvres complètes*, S. 234 und 237.

Subjekt bereit macht. Das «System», über das Rimbaud verfügt, erlaubt ihm, die praktischen Bezüge von Sachen und Ideen zu lösen. Seine «magischen Sophismen» sind die listenreiche Auflösung des Nützlichkeitsaspektes, damit die absolute Realität durchscheine. Daß es sich hier um nichts als einen vorbereitenden Akt handelt, beweist uns die Art, in der Rimbaud von seinen eigentlichen Visionen berichtet: «Ich mußte eine Reise unternehmen, um die in meinem Gehirn versammelten Verzauberungen zu zerstreuen.» Er sagt nicht: von meinem Gehirn erzeugt; er zeigt an, daß sie sich dort versammelt haben wie an einem auserwählten Ort, daß sie, von außen kommend, in ihm Wurzel geschlagen haben.

Wenn wir im übrigen nicht vergessen, welcher Art von Visionen Rimbaud ausgesetzt war, wenn wir ihren sozusagen negativen Charakter denken, werden wir finden, daß er auch in der *Alchimie du Verbe* deutlich eingesteht, sie geschaut zu haben. Wenn Rimbaud schreibt:

A chaque être plusieurs autres *vies me semblaient dues. Ce monsieur ne sait ce qu'il fait; il est un ange. Cette famille est une nichée de chiens.*[14]

Zu jedem Wesen, schien mir, gehören mehrere *andere* Leben. Dieser Herr weiß nicht, was er tut: Er ist ein Engel. Diese Familie ist ein Wurf von Hunden.

will er damit nicht ausdrücken, daß ihm jedes Objekt der Welt mit einem eigentümlichen Fehler behaftet, sei-

14) vgl. S. 131.

ner relativen Vollkommenheit entkleidet, einem Schwächezustand ausgeliefert, wie von oben her aufgebrochen und entleert erscheint? Und dies ist alles, was wir in seinen Visionen erkennen wollten.

Einzig zwei Sätze der *Alchimie du Verbe* bleiben von unserer Interpretation unerklärt. Es sind die folgenden: «Der poetische Trödel hatte großen Anteil an meiner Wortalchimie.» und «Ich wurde eine Märchenoper.» Sie scheinen ganz reale Quellen der Gesichte Rimbauds aufzuzeigen: Lektüre, Erinnerungen, Bilder, die in zufälligen Augenblicken aufgegriffen und in seinem von Fieber überhitzten Gehirn sich zu Gesichten verflüchtigen. Der Anfang des Kapitels: «Ich liebte die albernen Gemälde»,[15] bestätigt diese Lesart. Rimbaud erinnert hier an ein spiritistisches Medium, das auf einmal die photographischen Originale der Erscheinungen vorzeigt, mit denen er uns zu Beginn genarrt hat. — Darauf läßt sich folgendes erwidern: In der Tat bin ich nicht der Auffassung, daß der Text sich anders interpretieren ließe. Man muß zugeben, daß die Visionen Rimbauds oftmals aus ganz subjektiven Elementen bestehen können. Tatsächlich ist ja die Bereitschaft, in der der Dichter sich befindet, eine Einladung nicht nur für die Geister der Außenwelt, sondern auch für diejenigen, die dem Innern des Menschen entstammen. Jeder kann diese besondere Be-

15) «J'aimais les peintures idiotes» (Une Saison en Enfer: Délires II: Alchimie du Verbe. *Œuvres complètes,* S. 232).

findlichkeit ausnützen, alles kann durch die geöffnete Schleuse einströmen. Indem der Dichter auf seine Kontrollfunktion verzichtet, schafft er weite Möglichkeiten. Er ist nur mehr der Platz, auf den man von allen Seiten her gelangen kann. Zweifellos ist in den *Illuminations* manches, das man als schrullig bezeichnen könnte: Wortassoziationen, Bilder, die aus Büchern stammen, deren Titel er vergessen hat, bizarre Einfälle, die nur von einem ausgewechselten oder ausgelassenen Buchstaben herrühren. Im Zustand der Desorganisation arbeitet die Seele und wallt auf, tausenderlei stößt ihr zu, Vereinigungen, Zusammenstöße aller Art; die Worte, befreit von ihrer nützlichen Bedeutung, tanzen im Leeren, springen, hängen in der Luft, formen monströse Gebilde und fallen in sich zusammen. Vor allem die literarischen Reminiszenzen, ihrer Bezüge entäußert durch jene allgemeine Umfunktionierung, die dem Zustand der Schau vorausgeht, erscheinen in einer eigensinnigen, neuen Anordnung und Umgebung, die sie geheimnisvoll macht; sie treten wie maskierte, nicht wiederzuerkennende Ritter auf die Bühne: «Der poetische Trödel hatte großen Anteil an meiner Wortalchimie.»

Einen großen Anteil: das ist nicht zu leugnen. Aber selbst durch dies Eingeständnis gibt Rimbaud uns einen Fingerzeig, daß die Reminiszenz nicht alles vollbrachte, sondern daß auch ein Anderes beteiligt war. Wirklich ist sein Werk aus widersprüchlichen Bestandteilen zusammengesetzt. Da ist Reales und Imaginäres. Es gilt zu fassen, was zu fassen ist, und den Rest fallen zu lassen. Jedem ist aufgetragen, das Beständige darin zu erkennen. Man nähert sich dem Werk langsam, indem man auswählt. Doch zeigt sich, daß man bei jedem Lesen mehr erfaßt. Denn ist auch der Anteil bizarrer Einfälle groß, so ist derjenige der echten Visionen bedeutender. Dies Buch ist fast unerschöpflich. Man erfaßt es erst allmählich, gliedert es sich langsam an. Man macht Fortschritte in der Lektüre, entdeckt immer Tieferes, Dunkleres und Subtileres, und die Bewohner der *Illuminations,* wenn sie einmal in unsere Gedanken eingegangen sind, finden darin einen schon vorbereiteten Platz, etwas, das auf geheimnisvolle Weise sie schon erwartete, sie «wiedererkannte». Und man kann nicht sagen, dies geschähe darum, weil sie in uns die gleichen literarischen Erinnerungen weckten, denen sie entstammten. Verhielte es sich so, dann wären uns alle Bilder schon bei der ersten Lektüre zugänglich, die uns verständlich sind. Aber der lange Weg fortschreitender Identifikation, den wir beschrieben haben, ist die Weise, wie man sich der Wahrheit annähert, die Weise, in der man in ein Gebäude von Erkenntnissen eintritt, die uns vorgegeben sind, in der etwas Seiendes sich uns enthüllt, sich offenbart. Nichts Bewegenderes als jene heimliche Berührung, dieser kleine Anstoß, durch den das Außerordentliche uns seine Gegenwart kundtut:

A ma sœur Louise Vanaen de Voringhem: – Sa cornette bleue tournée à la mer du Nord. – Pour les naufragés.[16]

Meiner Schwester Louise Vanaen de Voringhem: – Ihre blaue Haube, die der Nordsee zugewandt ist. – Für die Schiffbrüchigen.

Ich war ganz gelassen, und die Worte verteilten sich vor meinen Augen auf der Seite; und auf einmal ist Etwas anwesend. Rechts, links? Ich weiß nicht. Aber ich bin nicht mehr allein. Ich bin entdeckt; etwas blickt mich an. — Auch ihr wißt es? Aber woher? Wie? Und woher weiß ich's? Es ist also wahr? Wie lächerlich werden mir diejenigen, für die hier stets nur der «poetische Trödel» ist, da ich erzittere, wie wenn ich ertappt wäre! — Es ist nicht die Bewegung des Intellekts, der seinen Gegenstand umfährt und sich seiner bemächtigt; es ist nicht der Geist, der sich hier bereichert; es ist kein Handeln, sondern ein Geschehen in der tiefsten Tiefe der Seele, wie der Stern, der den Hirten erschien: Etwas erglänzt auf einmal geheimnisvoll für uns, eine Mitteilung, eine Neuigkeit, die das Denken in seinen geheimsten Bereichen plötzlich aufstört; es bewirkt aus der Ferne, ohne daß es einer Annäherung, einer Verbindung bedürfte, durch einfaches Gleichschwingen, eine kleine Verwirrung, eine kleine Erregung der Erkenntnis gleich dem schwachen Ausschlag des Seismographen, der ein Erdbeben in einer Entfernung von zehn Kilometern anzeigt. — Gegen das Zeugnis einer solchen Erschütterung gibt

16) Les Illuminations: Dévotion. *Œuvres complètes,* S. 203.

es für den, der sie nur ein einziges Mal erlebt hat, so behaupte ich, keine haltbare Entgegnung. Mir ist das Gegenwärtigste weniger gewiß als dieses unbeschreibliche Erlebnis, das mir zuteil wurde.

Ich fürchte, die Anhänger einer subjektivistischen Interpretation Rimbauds werden an dieser Stelle sich in ihrer Ansicht bestätigt finden und nichts anderes als eine *petitio principis* in unserer ersten Beweisführung sehen wollen. Wiewohl sie mir auch weiterhin schlüssig scheint, gilt es doch, eine andere und entscheidendere zu finden.

Wir finden sie in der Analyse des künstlerischen Handwerks Rimbauds, in der Erforschung seines schöpferischen Akts. — Kunst und Handwerk Rimbauds setzen ein äußeres Objekt voraus. Alle seine Handlungen sind die eines Menschen, der etwas betrachtet, der sich einem Gegenstand zugewandt hat, der etwas bedenkt und niederschreibt. Man versteht nichts, schließt man dieses unbekannte Objekt aus: es begründet die Einheit aller verschiedenen Schritte des Dichters, nur es allein fügt sie zusammen, läßt sie übereinstimmen. Man streiche es: und Rimbaud ist nur mehr ein Akrobat, der sich den widersprüchlichsten und sinnlosesten Wortübungen hingibt, seine Rede verliert jeden Zusammenhang, er zeigt nur noch übel zusammengestellte Tricks, die sich in ihrer Wirkung gegenseitig beeinträchtigen. Sobald man aber in Gedanken dieses Objekt wieder einführt, gewinnt alles Gestalt und Stimmigkeit. — Wir sagten, Rimbaud sei völlig frei von Rücksichten: so auch sein Stil; er blickt nicht rechts noch links, sondern nur voraus; keinen Blick verschwendet er an uns, keinen Gedanken, er streckt uns keine Hand entgegen. Er kreist um etwas und schließt uns dabei aus. Noch seine Fremdartigkeiten lassen uns die Anwesenheit eines Gegenstandes fühlen, dem er verpflichtet ist. Denn sie haben etwas Wörtliches, Unmittelbares, Authentisches, das sie entscheidend abhebt von allen gewohnten Bizarrerien der Literatur. Kein Kalkül: Der Dichter dachte nicht an den Effekt, den sie hervorbringen könnten, ja er gab sich noch nicht einmal Rechenschaft über die Entstellung der Figur, die seine Hand zeichnete. Man sieht, daß er nur abbildete:

Ce soir à Circeto des hautes glaces, grasse comme le poisson, et enluminée comme les dix mois de la nuit rouge – (son cœur ambre et spunk). – Pour ma seule prière muette comme les régions de nuit, et précédant des bravoures plus violentes que ce chaos polaire.[17]

Diesen Abend, für Circeto mit den hohen Spiegeln, fett wie ein Fisch und beleuchtet wie die zehn Monate der roten Nacht – (ihr Bernstein- und Zunderherz). – Für mein einziges Gebet, das stumm ist wie die nächtlichen Gefilde und Heldentaten vorangeht, die gewaltiger sind als dieses Chaos der Pole.

Naturprodukt, Satz im Rohzustand: er scheint vom Gegenstand selbst diktiert worden zu sein. Ich bestreite, daß man irgendeine gewollt launenhafte Wendung, ir-

17) Les Illuminations: Dévotion. *Œuvres complètes*, S. 203.

gendeine Zusammenhanglosigkeit darin hervorheben könnte, zu der der Autor sich entschlossen hätte, von der man bemerkte, daß sie ihm eingefallen ist. Alles hat die Form eines Objektes, das man nicht zu benennen wüßte, so eng ist es an die Worte gebunden, die es bezeichnen. Alles darin gibt die Leerstellen und Sprünge wieder, die verschiedenen Aggregatzustände eines geheimnisvollen und fremdartigen Wesens, das der Dichter festzuhalten versucht.

Der Stil Rimbauds impliziert nicht ein beliebiges Objekt, sondern einen Gegenstand, der nur unvollkommen erfaßt ist, der vom Verstand nur teilweise begriffen wird; jenen Gegenstand, der, wie wir schon darlegten, zum Bleiben beredet, aber dessen man sich nicht bemächtigt, weil sein Wesen darin besteht, nach oben geöffnet zu sein, aufzuklaffen, und das heißt: die Welt im Zustand der Desorganisation und Zerstörung.

Versuchen wir, mit Deutlichkeit zu sehen, durch welche technischen Eigenheiten der Stil Rimbauds diese Enthüllungen macht, wie er uns die Objektivität seiner Vision beweist. — Zunächst fällt das vollständige Fehlen eines sangbaren Tonfalls auf, sodann jedoch eine außerordentliche innere Musikalität. Es gilt, einen nach dem anderen diese beiden Charakterzüge zu untersuchen, die scheinbar einander widersprechen, in Wahrheit jedoch eng miteinander verbunden sind.

Zunächst ist der Rhythmus des Rimbaud'schen Satzes im wesentlichen prosaisch. Zweifellos gibt es in den Gedichten, die den *Illuminations* vorangehen, einige der vollkommensten Verse der französischen Sprache; sie enthalten sogar Strophen, welche die Form erfüllen und in sich geschlossen sind, deren Teile alle ein Ganzes ausdrücken:

Si je désire une eau d'Europe, c'est la flache
Noire et froide où vers le crépuscule embaumé
Un enfant accroupi plein de tristesses, lâche
Un bateau frêle comme un papillon de mai.[18]

Wenn ich ein Wasser noch Europas ersehne, so ist's die schwarze kalte Pfütze, da hinein, in duftender Dämmerung, ein gebücktes Kind voll Trauer sein kleines Schiff setzt, wie ein Schmetterling im Mai!

Betrachtet man jedoch die Gesamtheit der Verse Rimbauds, so fehlt ihnen jene Geschlossenheit und der Zusammenhang, die wesentlich den dichterischen Stil begründen. Sie bleiben isoliert, ihre Kraft selbst und ihre Steife trennen sie, verhindern einen Zusammenschluß, die Bildung eines Organismus. Das Gedicht ist nicht als Ganzes präsent, man findet darin nicht Ruf und Antwort, dies Wiegen und Zusammenspiel der entfernten Elemente, die beispielsweise die Schönheit der *Fleurs du Mal* ausmachen. Rimbaud explodiert stets mit zornigem Auffahren, indem er alle seine Kraft auf einmal ausgibt,

---

18) Le Bateau ivre. *Œuvres complètes,* S. 103.

auch wenn er mit neuer Anstrengung in der nächsten Strophe beginnen muß. In diesen Versen läuft alles nebeneinander her, vielmehr: alles folgt aufeinander, die Glieder des Satzes fügen sich eines dem anderen an, und niemals führt das letzte zurück zum ersten; oft schließt die Strophe mit einer Art Apposition, mit einem Satzteil, dessen sie nicht bedurfte, und der beinahe die Harmonie zerstört:

La tempête a béni mes éveils maritimes.
Plus léger qu'un bouchon j'ai dansé sur les flots
Qu'on appelle rouleurs éternels de victimes,
Dix nuits, sans regretter l'oeil niais des falots![19]

Der Sturm gab meinem Meererwachen Segen, behender noch als Kork tanzte ich auf der Flut, die man die ewige Wiege der Opfer nennt, zehn Nächte, ohne das blöde Auge der Laternen zu vermissen.

Überall in den ersten Gedichten Rimbauds, behaupte ich, findet man den wunderbaren Improvisator, der für seine Kameraden in einer Viertelstunde mehrere verschiedene lateinische Versstücke über dasselbe Thema zusammenpfuschte. Lesen wir erneut das *Bateau ivre:* es scheint mit geläufiger Feder heruntergeschrieben zu sein; aber wenn er den ersten Vers niederschreibt, weiß Rimbaud noch nicht, wie der zweite lauten wird. Die allgemeine Bewegung des Gedichtes ist wesentlich synthetisch, angliedernd. Es gelingt ihm nicht zu schließen,

---

19) Le Bateau ivre. *Œuvres complètes,* S. 100.

zusammenzufassen; mehr noch als die unmittelbar vorangehende könnte die letzte Strophe zum Ausgangspunkt für neue Ausfahrten werden.

Gehen wir nun zu den *Illuminations* über, so wäre es zweifellos übertrieben, aber doch nicht ganz unrichtig zu behaupten, sie seien im Zeitungsstil verfaßt. Auch hier entdecken wir etwas Kursorisches, eine Art, die Dinge eins nach dem anderen vorzuführen, ein Rhythmus, der eher der Erzählung als der Lyrik angehört. Der Satz geht zu Fuß. Nirgendwo erhält er die Unterstützung, den langen Atem, welche die poetische Satzperiode ausmachen. Die Worte schließen sich nicht eng aneinander, um eine fließende Bewegung zu ermöglichen; der Satz behält alle Kennzeichen eines Anekdotenstils. Weit entfernt, die Plattheit zu meiden, bedient Rimbaud sich ihrer bewußt; es kommt vor, daß er das einfachere, lockendere und ungenauere Wort vorzieht: «tandis que se *faisait* la rumeur du quartier.» Und dieser Satz verachtet die veredelnde Kürze, zählt einen Takt mehr als nötig, um nur darzutun, daß er nicht tanzt: «Cela ne devait pas fatiguer ma femme au même point que moi.» Besonders die Satzschlüsse zeigen deutlich, wie sehr er die Kadenz unterdrückt. Nirgends im Satzinnern gibt es die kleinen Umstellungen, die den Ausklang vorbereiten; der Satz vermeidet sorgsam die Inversion, die ihm Gefälle verleihen oder ihn zum Höhepunkt leiten würde. In keiner Weise ist der Satzschluß vorbedacht.

Niemals erlaubt Rimbaud, daß der Satz in sich zurückfällt; im letzten Augenblick nimmt er einen neuen Anlauf oder vielmehr, er wartet den Augenblick des Anlaufes ab, um ihn abzubrechen. Rimbaud läßt den Satz nicht sich selbst, seine Vorgeschichte bedenken, Gewissenserforschung betreiben; an das Ende der Periode stellt er seine kürzesten Vermerke, diejenigen, welche der meisten Ergänzungen bedürften — die er zurückbehält. So bleibt der Satz immer offen, freilich nicht vage Ergießung. Aber trotz seiner Klarheit entgeht uns etwas, berücksichtigt er nicht unsere Grenzen, beugt er sich nicht vor uns. Wir übersehen den Satz nicht von Anfang bis Ende: Er dreht uns sozusagen den Rücken zu. Und gerade dadurch verrät sich die Anwesenheit eines äußeren Objektes. Ein Gedicht Baudelaires ist ein geschlossenes System; alles darin geht auf ein Zentrum im Innern, und die Verse halten zusammen wie Menschen, die im Kreis tanzen. Denn ihr Gegenstand ist ein Gefühl, etwas, das in der Seele des Dichters völlig klar ist, etwas, das von allen Seiten umkreist und umschlossen wird. Wenn, im Gegensatz dazu, der Stil Rimbauds nach außen blickt, dann, weil er sich einem der Seele fremden Objekt zuwendet. Er ist ganz erfüllt von einer Wirklichkeit, er öffnet sich einem von uns verschiedenen Gegenwärtigen. Man sieht, daß er aufmerksam zuhört. Er hat es nicht mit einem Gegebenen, einem Bündel von Gefühlen zu tun, die er nach seinem Willen behandeln könnte. Sein

Gegenstand ist ihm nicht untergeben, der Satz hat keine Macht über ihn. Was zunächst deutlich wird, ist sein Aufmerken, seine Syntax verrät einen Menschen, der, was in seiner Reichweite vorüberzieht, nicht verlieren möchte, weil man zwar sich selbst stets wiederfindet, aber nicht sicher sein kann, auch das außerhalb unserer Sicht Liegende wiederzuentdecken. Die Struktur des Rimbaud'schen Satzes beweist die Wirklichkeit seiner Visionen, wie eine fossile Versteinerung die abgeleugnete Existenz einer Pflanze unter Beweis stellt.

Und die Sätze zeigen nicht nur die Realität dieser Gesichte, sie ahmen auch ihr Wesen nach. In der Tat scheinen sie zunächst nur auszuschließen, bald aber schließen sie auch ihren Gegenstand nicht mehr ein. Sie berühren ihn, be-greifen ihn nicht.

Die Sätze strecken sich, um eine Vorstellung zu umgreifen, doch gelingt es ihnen nicht. Ihr fragmentarischer Charakter ahmt das unvollendete Objekt nach. Dieser Gegenstand ist zu umfassend, um umfaßt zu werden. Es ist schwierig, vom «unvollendeten Satz» zu sprechen, wenn nichts Vages und Weichliches darin gefunden werden kann: Der Satz findet einfach nicht zu seinem Ausgangspunkt zurück.

Der zweite Charakterzug von Rimbauds Stil ist seine Musikalität. Um jedoch darzulegen, daß diese Eigentümlichkeit der ersten nicht widerspricht, muß man das Wort mit größter Genauigkeit definieren. In den *Illu-*

minations gibt es keine Musikalität, wenn man darunter die Wortmusik eines Lamartine versteht. Nichts, was lebendig fließt und sich ausbreitet; das schmelzende Vergnügen an schönen Versen stellt sich nicht ein, wenn man diese Zeilen spricht. Kennt man sie jedoch gründlicher, so bemerkt man ihre innere Vollkommenheit; die Silbenwahl ist bedacht, es gibt eine Klangkomposition, eine Anordnung der Vokale und Diphtonge nach sehr subtilen, aber überlegten Regeln. Rimbaud kennt die Eigenschwingung jedes Vokals; jeden nimmt er wie eine Note zur Bildung von Akkorden. Man hat viel von Wort-Instrumentation gesprochen. Rimbaud, für sein Teil, hält sich an die Harmonie gesprochener Töne. Und wie ein Akkord aus verschiedenen, aber verwandten Tönen besteht, so bildet sich auch jeder seiner Sätze aus unterschiedlichen Tönen, die jedoch eine geheime Verbindung miteinander haben. Hier ein zufällig gewähltes Beispiel:

– Ici va-t-on siffler pour l'orage, et les Sodomes et les Solymes, et les bêtes féroces et les armées, (– Postillon et bêtes de songe reprendront-ils sous les plus suffocantes futaies, pour m'enfoncer jusqu'aux yeux dans la source de soie.)
– Et nous envoyer, fouttés à travers les eaux clapotantes et les boissons répandues, rouler sur l'aboi des dogues . . .[20]

Es ist unmöglich, den auffallenden Gebrauch des Lautes o zu überhören, der Zug um Zug in allen Tonvarianten auftaucht, vom kurz-offenen o bis zum dunkel-

20) Les Illuminations: Nocturne vulgaire. *Œuvres complètes*, S. 195.

tönenden langen o des Nasals. Gleichzeitig bemerkt man, wie ein zweites Muster, die Klänge des s oder f, des d oder t die Kette der Hauptakkorde umspielt.

Man muß beachten, daß es sich hier nicht um leere und billige Alliterationen handelt. Mit Ausnahme der «source de soie» und «suffocantes futaies» finde ich nirgends dominierende Klänge, die einander so angenähert wären, daß sie die Aufmerksamkeit ganz für sich beanspruchten. Im Gegenteil stehen sie weit auseinander, lassen sie Platz zwischen sich, um dem Leser Zeit zu geben, einen jeden zu vergessen, ehe er ihn wiederfindet. Dies, weil es sich nicht um ein rein literarisches Spiel handelt, noch um die Gefälligkeit bloßer Rhetorik. Rimbaud wünscht keine Entdeckung seiner Treffer. Sie haben einen anderen Sinn als in sich selbst: sie sind Instrumente.

Das berühmte Sonett der «Voyelles», das für manchen mit dem *Bateau ivre* den ganzen Rimbaud ausmacht, ist, wörtlich genommen, nichts als ein Phantasiestück. Trotzdem weist es auf ein vom Dichter niemals aufgegebenes Bemühen hin, die musikalischen Werte der Wörter für den Ausdruck nutzbar zu machen. Denn man darf sich durch die bildliche Übertragung, die Rimbaud hier vornimmt, nicht irre machen lassen. Im Grunde genommen ist der Farbwert, den er den Vokalen beilegt, keine Farbe für die Augen, sondern eine gewisse umfassendere und geheimnisvollere Vibration als ihr bloßes Geräusch, eine Tonart, die wie die musikalischen, etwas auszudrücken vermag.

Im übrigen weist auch die *Alchimie du Verbe* darauf hin, daß der Sinn des *Sonnet des Voyelles* weitergeht, und daß der Gebrauch von Vokalfarben Teil einer umfassenden Methode ist:

J'inventai la couleur des voyelles! – A *noir,* E *blanc,* I *rouge,* O *bleu,* U *vert. – Je réglai la forme et le mouvement de chaque consonne, et avec des rhythmes instinctifs, je me flattai d'inventer un verbe poétique accessible, un jour ou l'autre, à tous les sens. Je réservais la traduction.*[21]

Ich erfand die Farbe der Vokale! – *A* schwarz, *E* weiß, *I* rot, O blau, *Ü* grün. – Ich bestimmte Form und Bewegung eines jeden Konsonanten und mit unwillkürlichen Rhythmen wollte ich – so schmeichelte ich mir – ein poetisches Wort erfinden, das eines Tages für alle Bedeutungen offen sei. Ich behielt mir die Übersetzung vor.

Damit gesteht Rimbaud ein, daß in seiner Sprache sogar die Wahl der Konsonanten berechnet ist: «Ich bestimmte Form und Bewegung eines jeden Konsonanten.» Doch behauptet er nicht, ihnen willkürlich eine Bedeutung gegeben zu haben, sondern sie aufgefunden und benützt, ihre natürliche Anlage zum Ausdrucksmittel verwertet zu haben. Tatsächlich greift er alles auf, was in ihnen suggestive Wirkung hat, nicht nur den Lautklang, wenn sie in der «Bewegung» ausgesprochen wer-

---

21) Une Saison en Enfer: Délires II: Alchimie du Verbe. *Œuvres complètes,* S. 233.

den, in die sie Lippen und Zunge versetzen, sondern noch das Bild, das sie auf der Seite ergeben, die Chiffre, die sie zeichnen. Er ist abergläubisch und behält Recht damit. Er glaubt an unmögliche Eigenschaften, und sie stellen sich als wirklich heraus. Im Grund beachtet er den Sinn der Worte nur halbwegs. Überaus wertvollen Aufschluß darüber gibt uns das Zeugnis des Entwurfs zur *Alchimie du Verbe.* Dort lesen wir:

Pas un des sophismes [Lücke] *la plus informée, . . .*[22]

Der endgültige Text lautet:

Aucun des sophismes de la folie, – la folie qu'on enferme, – n'a été oublié par moi.[23]

Offensichtlich ist in die Lücke des Entwurfs das Wort «de la folie» einzusetzen: «Keine Spitzfindigkeit des gelehrten Wahns.»

Wir sehen also, daß Rimbaud zögerte, welche Eigenschaft er dem Wahn beimessen wollte, von dem er sich ergriffen fühlte. Er schwankt zwischen «la plus informée» und der «folie qu'on enferme». Nicht einmal eine Sinnähnlichkeit gibt es zwischen diesen beiden Appositionen, lediglich eine Klang- oder sogar Formähnlichkeit. Die beiden Wörter geben ungefähr das gleiche Bild auf der Seite. Das ist alles.

---

22) Die *Œuvres complètes,* S. 249, haben folgende Leseart: «Pas un des sophismes qui . . . . . . la folie enfermée.»
23) *Œuvres complètes,* S. 237.

Versuchen wir nun, den Grund dieses merkwürdigen Umgangs mit den Worten, diesen Mißbrauch der Wörter, dessen Rimbaud sich schuldig macht, aufzufinden. Und berücksichtigen wir zunächst einen Hinweis, den uns die *Alchimie du Verbe* gibt. Es handelt sich um die Textstelle, die unmittelbar der Definition seiner Methode folgt, und die zeigt, welchen Gebrauch Rimbaud von ihr zu machen gedachte:

Ce fut d'abord une étude. J'écrivais des silences, des nuits, je notais l'inexprimable. Je fixais des vertiges.[24]

Zunächst war es eine Übung. Ich schrieb die Augenblicke des Schweigens auf, Nächte, ich zeichnete das Unsagbare auf. Ich hielt den Taumel fest.

Und sogleich gibt er uns, als Beispiele, zwei Versgedichte unter dem Titel *Larme* und *Bonne Pensée du Matin,* die zur Gruppe der Illuminations gehören. Dort, besonders im ersten Gedicht, sieht man deutlich die Anstrengung des Dichters, das «Unaussprechliche aufzuschreiben» mit Hilfe von fast abstrusen Verfahren, die wir bereits verdeutlicht haben. Man sieht, wie er die dunkelsten Kräfte der Wörter zu Hilfe nimmt, ihre innerste und unverständlichste Musikalität; seine Vokale verteilt er wie wohlunterschiedene und weit auseinandergezogene Klaviertasten, deren Töne sich jedoch gegenseitig verstärken:

---

24) *Œuvres complètes,* S. 233.

Loin des oiseaux, des troupeaux, des villageoises,
Je buvais, accroupi dans quelque bruyère
Entourée de tendres bois de noisetiers,
Par un brouillard d'après-midi tiède et vert.[25]

Weit entfernt von den Vögeln, den Herden und den Bauernmädchen trank ich, ins Heidekraut gekauert, umrankt von zartem Holz der Haselnußsträucher, im matten, grünen Nachmittagsnebel.

In diesem Gedicht ist eine geduldige, ausgewogene Zartheit, eine unglaubliche technische Feinheit. Der Mund formt Laute von überragender Seltenheit, Deutlichkeit, Vornehmheit und Harmonie. Aber zugleich, und dies hatte Rimbaud uns schon angekündigt, sehen wir, wie diese reichen Ausdrucksmittel sich ausgeben an einen problematischen Gegenstand, an ein Objekt, das nicht faßbar ist: den «Taumel». Nichts Schwierigeres war dem Leser zuzumuten: zwar ist der Gegenstand mit diesem Begriff so gut wie möglich fixiert, aber er ist von flüchtiger, wolkiger, fast imaginärer Art.

Soll man daraus schließen, daß die musikalische Methode Rimbauds wesentlich dazu bestimmt ist, rein subjektive Halluzinationen aufzuzeichnen, und daß sie sich somit mit den gewohnten Verfahren der Symbolisten deckt? Ich denke nicht. «Zunächst war es eine Übung», sagt Rimbaud. Nachdem er neue Ausdrucksmittel erdacht hatte, um das Unsagbare zu sagen, erprobte er sie zunächst im Leerlauf, wenn man so sagen kann, oder

25) Larme. *Œuvres complètes,* S. 126.

vielmehr an einem Unsagbaren innerer und psychologischer Art. Ich glaube, daß die meisten Versgedichte der *Illuminations* als solche Übungsstücke zu betrachten sind. Vielleicht dringe ich hier nicht tief genug in den Text ein. Aber ich kann die Gedichte *Silence, Comédie de la Soif, Honte, Mémoire, Patience, Éternité, Chanson de la plus haute Tour, Bonheur, Age d'or* und *Fêtes de la Faim* nicht anders erklären. Der Dichter arbeitet hier die Regeln einer ebenso gründlichen wie ungebundenen Musik aus, die er erfand; er macht Experimente, er kombiniert Maßeinheiten von Vokalen und Konsonanten, er erforscht die Geheimnisse des «unwillkürlichen Rhythmus». Wir überraschen in der Tat einen Wortalchimisten in seiner Werkstatt, inmitten seiner unverständlichen Anstrengungen und unbegreiflichen Erfolge.

Aber wenn wir hier der Ausarbeitung seiner Methode beiwohnen und sie mithin im Reinzustand erfassen, so ist dies kein Grund zu der Annahme, daß sie niemals auf einen wirklichen Gegenstand angewendet werde. Im Gegenteil weist alles darauf hin, daß sie einem Objekt untergeordnet sein wird, sie beinhaltet es, setzt es voraus. Das Psychologisch-Unfaßbare war nur ein vorläufiger Gegenstand, das wahre Objekt ist ein Metaphysisch-Ungreifbares. Denn dieser Rückgriff auf alle Mittel, dieses Aufbieten der letzten Ausdrucksformen, diese Art, das Wortmaterial auszupressen, setzen ein Verlangen voraus, das sich nur auf einen schwierigen Gegenstand beziehen kann, der dem Zugriff entgeht und ganz außerhalb des Dichters angesiedelt ist.

Wäre die Musik Rimbauds von Art einer dem Gefühl schmeichelnden Melodie, die die Seele einlädt, mit sich trägt und verführt, so bedeutete sie nichts in Hinsicht auf die Wirklichkeit der evozierten Bilder. Aber sie verführt keineswegs, sie bewahrt vielmehr für anderes als uns ihre Macht, sie entspringt und entfaltet sich nur, um ein Objekt zum Stillestehen zu überreden.

Der Stil Rimbauds ist der eines Menschen, der um jeden Preis und gleichgültig wie etwas erreichen will. Was an diesem «gleichgültig wie» in seinem Stil ist, beweist, daß der beschriebene Gegenstand der Außenwelt zugehört. Denn es weist auf etwas hin, das nicht in ihm vorhanden ist, von dem man nicht wissen kann, ob es bleiben wird, und das man festhalten muß mit dem erstbesten Gegenstand, der einem in die Hand kommt: «Ich schmeichle mir, ein poetisches Wort zu erfinden, das eines Tages allen fünf Sinnen zugänglich wäre», sagt Rimbaud. Was er meint, ist Folgendes: Die Hilfe aller Bedeutungen war nicht überflüssig, um deutlich zu machen, was ich erblickte. Ich wollte vielfältige und gleichzeitige Möglichkeiten erfinden, meine Visionen auf den Leser zu übertragen, denn sie waren von ihm und mir so weit entfernt, so unabhängig von uns beiden, daß ich fürchten mußte, sie sich von uns ablösen und entschwinden zu sehen, wenn ich nur einen Weg gegangen wäre. Diese Interpretation, so mühsam sie auf den ersten Blick erscheint, wird doch ganz natürlich, wenn man folgende Passage des «Seherbriefs» vergleicht:

Il [le poète] devra faire sentir, palper, écouter ses inventions; si ce qu'il rapporte de là-bas *a forme, il donne forme, si c'est informe, il donne l'informe. Trouver une langue . . .*[26]

Er muß seine Erfindungen fühlen, ertasten, hören lassen. Wenn, was er aus der *Tiefe* hervorgeholt, Form hat, so gibt er Form; ist es ungestaltet, so gibt er Ungestalt. Eine Sprache finden . . .

Das Wort «Erfindungen», das die subjektivistische Interpretation zu begünstigen scheint, wird sofort berichtigt durch den stärksten Begriff, den wir uns zur Unterstützung unserer Deutung wünschen könnten (und Rimbaud selbst unterstreicht ihn): «Wenn, was er aus der *Tiefe* hervorholt...». So enthüllt Rimbaud das geheime Ziel seiner Wortsuche. Er wollte eine «Sprache finden», um für uns die Dinge, welche er in der Tiefe erblickte, wiederherzustellen und uns vorzuführen. Was an Erkünsteltem, Extravagantem und Abstrusem in dieser Sprache ist, dient der Erfassung eines Gegenstandes, der so weit von uns entfernt ist, daß wir befürchten müssen, ihn nur formlos zu erblicken. Was an Notbehelf in dieser Sprache ist, entspricht dem Anteil des dem Geiste unerklärlichen Geheimnisses, das dem Gegenstand eigen ist. Die Anstrengung, die diese Sprache auszeichnet,

---

26) Brief an Paul Demeny, 15. Mai 1871. *Œuvres complètes,* S. 271.

gleicht derjenigen, die man im Traum macht, um etwas zu präzisieren: Alle Mittel sind recht, Anklänge, Lautähnlichkeiten, seltsame und uneingestandene Erinnerungen, alles, was sich im tiefen und unheimlichen Reich der Analogien vollzieht. Aber während im Schlaf das nur innere Objekt schließlich verschwindet, weicht und sich unter dem Druck der Mittel selbst auflöst, die es festhalten sollten, bleibt es hier, und diese ganze Kette von hellen und dunklen Silben, unterbrochen von den Hieroglyphornamenten der Konsonaten, führt uns endlich in seine Gegenwart, sie erreicht, umarmt es und hält es fest.

IV

Es ist nicht nur der vollendete Stil, der die Realität der Visionen Rimbauds bezeugt, es ist auch, und in besonderem Maße, die Arbeit des Stils, die Operation, durch die er sich formt und vollendet. Durch einen glücklichen Zufall sind uns die Entwürfe zu den beiden wichtigsten Kapiteln der *Saison en Enfer* erhalten geblieben. Vergleicht man sie mit dem endgültigen Text, den wir gegenübergestellt haben, dann sieht man auf den ersten Blick, fast ohne lesen zu müssen, die Lehre daraus. Die weißen Stellen, von denen die rechte Seite übersät ist, finden sich nicht in der Ausgabe der Werke; wir mußten sie einschalten, um die Verbindung beider Versionen darzustellen. Das bedeutet, daß der endgültige Text Rimbauds geschlossener, enger und dichter ist; um die Vollendung zu erreichen, entledigt sich der Dichter beinahe jeden zweiten Satzes. Und sogar innerhalb eines Satzes geht die Arbeit der Zurückführung auf das Wesentliche weiter. Hier einige Beispiele:

Skizze:	*Endgültiger Text:*
Général, roi, disais-je, si tu as encore un vieux canons (sic)	*Général, s'il reste un vieux canon sur tes remparts en*

sur tes remparts qui dégringolent, bombarde les hommes avec des mottes de terre sèche.	*ruine, bombarde-nous avec des blocs de terre sèche.*
J'ai réfléchis (sic) *aux* (sic) *bonheur des bêtes; les chenilles étaient les foule* (sic) (sans noms), (petits corps blancs) *innocen des limbes . . .*	*J'enviais la félicité des bêtes, – les chenilles, qui représentent l'innocence des limbes, les taupes, le sommeil de la virginité!*
Zwei Zeilen ohne Entsprechung im endgültigen Text... *Heureuse la taupe, sommeil de toute la Virginité!*	
. . . m'avertissait avec le chant du coq.	*. . . m'avertissant au chant du coq.*[1]
(Tais-toi, c'est) *l'orgueil à présent.*	*Orgueil.*
O *Dieu! mon Dieu! mon Dieu! J'ai peur, pitié.*	*Pitié! Seigneur, j'ai peur.*[2]

Diese Umformungen des Satzes darf man freilich nicht nur unter dem Aspekt bloßer Kürzung verstehen. Im endgültigen Text sind weniger Wörter als in der Skizze; sie haben jedoch auch eine Gangart, eine Strenge der Anordnung, die bishin nicht erkennbar war. Der noch so kurze Satz wird wie von einem versteckten Dämon beherrscht von einem Rhythmus, der ihn im Griff hat. Es ist einer jener «unwillkürlichen Rhythmen», mit denen Rimbaud zu allen unseren Sinnen sprechen woll-

1) Une Saison en Enfer: Alchimie du Verbe. *Œuvres complètes,* S. 248, 249, 250 (Entwurf) und 235, 234, 238 (Endgültiger Text).
2) Une Saison en Enfer: Nuit de l'Enfer. *Œuvres complètes,* S. 247 und 226.

te, und die der Vergleich von Entwurf und Endtext in hellstes Licht setzt. Indem wir von einem zum anderen übergehen, sehen wir ihn entstehen, sich langsam und überall durchsetzen. Inmitten der unbestimmten, sich träge bewegenden Wortmasse der Skizze macht sich eine einfache Maßnahme bemerkbar, die sich der richtungslosen Sätze annimmt; eine Art Zwang greift Platz:

L'action n'était qu'une façon (instinctive) *du gâcher une insatiété de vie:* (seulement moi, je laissai la sachant) *au hasard sinistre et doux,* (un) *énervement,* (déviation) *errement.*

L'action n'est pas la vie, mais une façon de gâcher quelque force, un énervement.[3]

Nicht nur die Menge der Wörter ist beschränkt worden, sondern gleichzeitig hat sich die Menge organisiert, artikuliert, geformt und, wenn man so sagen darf, in Bewegung gesetzt. Der Unordnung und Zerstreuung folgt nicht das beschwörende Wiegen der Lyrik, sondern ein klarer und abgerundeter Tonfall, etwas sehr Waches. Das Entschiedene und Mitreißende ist bis ins Herz des Satzes gedrungen; und er wird so erfüllt, daß sein Rhythmus sich in unserer Erinnerung meldet, bevor wir die Wörter wiederfinden, die ihn bilden. Auf diese Art erfahre ich zumindest die Verzauberung durch Rimbaud. Wenn der Anfang von *Enfance* mich anzieht, so

3) Une Saison en Enfer: Délires II: Alchimie du Verbe. *Œuvres complètes,* S. 249 (Entwurf) und 237 (endgültiger Text).

jedesmal in Gestalt eines geheimnisvollen Ganzen aus abgemessenen Silben, wie eine schwierige aber entschlossene Verwandlung der Zeit:

Cette idole, yeux noirs et crin jaune, sans parents ni cour, plus noble que la fable, mexicaine et flamande: son domaine, azur et verdure insolents, court sur des plages nommées par des vagues sans vaissaux de noms férocement grecs, slaves, celtiques.[4]

Dies Götzenbild, mit schwarzen Augen und gelben Strähnen, ohne Eltern, ohne Hof, edler als das mexikanische oder flämische Märchen, sein Gebiet, unverschämtes Azur oder Blattgrün, läuft über Küsten, denen Wogen, von keinem Schiff befahren, wilde griechische, slawische und keltische Namen gegeben haben.

Sollte man in der Entwicklung des Rimbaud'schen Stils zur Kürze eine nur technische Vervollkommnung erblicken? Wollte der Dichter seinen Satz lediglich harmonischer klingen lassen, wenn er sich anschickte, ihn zusammenzuziehen? Ich denke: um ihn wahrer zu machen. Ja, die Art der Ausarbeitung, der er ihn unterwirft, zeigt uns Rimbaud im Kampf mit einem Gegenstand, den er ergreifen will, dem er sich nach und nach nähert. Auch andere Schriftsteller sind den Weg der Konzentration gegangen, freilich nicht in einer so entschiedenen Weise wie Rimbaud; bald fassen sie zusammen, bald aber auch entfalten sie die ersten Ergebnisse ihrer Eingebung. Nicht ein einziges Mal fügt Rimbaud eine Zeile hinzu. Seine Bewegung ist stets dieselbe: Er geht in seinen eigenen Spuren, er befestigt ein möglichst

4) Les Illuminations: Enfance. *Œuvres complètes,* S. 176.

großes Gebiet von dem, das er zuerst erobert hat. Er sucht; da ist etwas, da, inmitten aller ausgesprochenen Wörter, das er *finden* will.

Hätte er seine Visionen schlicht erfunden, so hätte er sicherlich das Mittel der Erweiterung angewendet; wir hätten ihn dabei ertappt, wie er seine «Einfälle» dehnt und anreichert, wir hätten den Kniffen seiner Produktion beiwohnen können, und seine Entwürfe wären uns als eine diesseitige Vorstufe des endgültigen Textes erschienen, sie hätten bereits eine Lineatur ergeben, eine Art Skelett. Aber im Gegenteil, so wie sie uns vor Augen liegen, besteht ihre unleugbare Armut eher in ihrem Überfluß, im Reichtum, in der Aufgeschwemmtheit der Sätze als in ihrer Schlankheit; das Ganze ist noch unbestimmt, man merkt etwas hinter diesen Worten, das erst herauskristallisiert werden muß.

Genauer: Die Arbeit des Dichters, wie wir sie hier aufdecken, besteht nicht darin, etwas Beliebiges entstehen zulassen, sondern dieses Etwas daran zu hindern, vorüberzugehen. Die wirre Masse der Skizzen, das unwillkürliche und ungeordnete Überfließen der Sätze ist ein Netz, das er sofort über das erspähte Objekt wirft, um es irgendwie zu fesseln und vorläufig zurückzubehalten. Aber hat er es einmal eingegrenzt und aufbewahrt, seine Flucht verhindert, so gilt seine ganze Mühe der Annäherung an diesen Gegenstand. Und so beginnt sie, eine Annäherung von allen Seiten her, ein Streben nach Konzentration, ein Ruf von Wort zu Wort, eine gegenseitige und zusammenlaufende Bestimmung der Satzelemente, mögen sie auch weit auseinander liegen. Nun sehen wir alle Sätze wegfallen, die den Gegenstand nicht wirklich berühren. Und diesen fühlen wir am Ende aller Aussparungen, die sich fast selbsttätig unter unseren Augen vollziehen, seine stumme Macht treibt die Wörter, die ihn belagern, und regungslos lichtet er ihre Reihen. Und diejenigen, die fallen, zeugen von seiner Gegenwart mit gleicher Evidenz wie die Bleibenden.

Das Erscheinen des Rhythmus im Satz fällt mit der Erreichung des Objektes zusammen. Wir haben festgestellt, daß der Rhythmus bei Rimbaud im Innern des Satzes entspringt; statt wie ein Strahl auf einmal aufzuspringen und sich Worte zu suchen, die ihn stützen, quillt er hie und da zwischen den schon versammelten Worten hervor. Er ist nur eine Art augenblicklicher Gestimmtheit des Satzes, die nach außen den tiefen Zustand anzeigt, in den er im gleichen Augenblick eingetreten ist. Spielen die abgehackten, scharf gesetzten Akzente, der gespannte Wechsel von schwachen und starken Zeitformen nicht ebenso geheim wie offenbar mit dem Vorzeichen und, wenn man so sagen darf, dem Relief eines Objektes? Der Rhythmus ist die äußerliche Rückwirkung des inneren Zusammenstoßes der Worte mit der Sache, die sie umgaben. Aufsteigend zeigt er dem

Leser an, daß endlich die Begegnung stattgefunden hat, daß der Satz seine Wahrheit erreicht hat.

Daß der Stil Rimbauds ein Objekt anzeigt, ließ uns auf die Wirklichkeit seiner Gesichte schließen. Die Entwürfe, die uns das Wachsen dieses Stils zeigten, waren eine noch überzeugendere und unmittelbare Unterstützung unserer These. Wir müssen nur noch das Objekt selbst bestimmen, durch eine Bewegung des Geistes die Feststellung der Analyse ergänzen. Und die Induktion vollzieht sich gleichsam vor unseren Augen. Wir sehen, wie der Stil sich dem Gegenstand nähert, sich ihm unterordnet und anschmiegt, sich in ihm auflöst. Dieser Prozeß vollzieht sich vor uns. Es gibt keinen Bruch, der mit einer Hypothese überbrückt werden müßte. Die Worte selbst, ohne daß wir sie zwingen und drängen müßten, gehen auf die Suche nach jener geheimnisvollen Welt, die man uns als nur poetische Erfindung hinstellen wollte; sie entdecken sie, nähern sich ihr, formen sich darin um und spiegeln ihr Bild ab.

Umso schlimmer für jene nun, die immer noch in den *Illuminations* und in der *Saison en Enfer* nichts als wolkige Phantasie sehen wollen! Ich werde nicht weiter versuchen, sie zu überzeugen. Ich habe ihnen nichts mehr zu sagen — als daß ich ihr Interesse an Rimbaud nicht verstehen kann, noch, wie sie in seinem Werk etwas anderes sehen mögen als ein unerträgliches und unverständliches Geschwätz.

V

Sie sind weder imstande, diese Dichtung in ihrer ganzen Tiefe zu verstehen, noch vermögen sie das plötzliche Verstummen des Dichters zu erklären. Wenn alle diese Erscheinungen seinem Gehirn entsprungen wären, warum brach dann dies Wetterleuchten mit einem Male ab? Hier ist ein Problem, das gerade wegen seiner Schwierigkeit schon je die Kritiker gereizt hat und noch reizen wird. Es erlaubt eine unendliche Zahl von Lösungen, die alle gleichermaßen scharfsinnig sind. Aber darum, weil es gar nicht existiert. Es verschwindet, sobald man die Realität der Gesichte Rimbauds annimt und ihm mystische Gaben zuspricht.

Diese Begabung war in ihm freilich sehr umgrenzt und beschränkt. Die Erleuchtung, die ihm zuteil geworden war, wog nur einen Augenblick lang schwer in der Kenntnis des Übernatürlichen. Es war eine Phase der Initiation. Sie ließ ihn nur Bruchstücke des Jenseitigen erblicken. Als Mystiker ist Rimbaud eine Art Spezialist: Ihm ist es aufgetragen, das Einbrechen des Göttlichen in diese Welt festzustellen, und das Chaos, das es darin bewirkt. Aber wie sollte man sich an einen so engen Auftrag halten? Ganz spontan mußte sein Geist versuchen, die Grenzen seiner Kenntnis auszuweiten, sie zur vollständigen Erkenntnis des Jenseitigen anzutreiben. Das war nicht Mangel an Bescheidenheit. Darin lag eine tatsächliche Versuchung. Wie hätte Rimbaud sich nicht aus einer Welt erheben wollen, die ihm niedergerissen erschien, aufsteigen wollen zu Regionen, aus denen die Schwäche und das Unzusammenhängende in die Welt kam? Wie hätte er nicht in die Vollendung übergehen wollen, deren schreckliches Strahlen er erblickte? So kam ihn ganz natürlich die Lust an, mehr davon zu sehen. Die *Saison en Enfer* ist nicht nur die Suche nach einem Ort für die Unschuld, sondern auch eine maßlose Anstrengung, die andere Welt geradewegs zu erreichen, von der die *Illuminations* nur den Reflex und Einfluß gekannt hatten. Aber diese Anstrengung führte nicht weit. Denn wenn er auch das Verlangen hatte, der ihm auferlegten Betrachtung zu entgehen, so hatte Rimbaud doch nicht die Macht dazu. Wenn er sein Gebiet verließ, war er verurteilt, seine Sehergabe zu verlieren; wohin ihn sein Geist unmerklich führte, folgte sein Blick nicht mehr. Und er hatte kein Recht, sich zu beklagen. Denn war nicht schon Intuition, die ihm gegeben war, eine überaus wunderbare Gnade? Die *Saison en Enfer* läßt uns einer fortschreitenden Verarmung seiner Gesichte beiwohnen. Je höher sie steigen, desto abstrakter werden sie. Sie verlieren ihre Lebendigkeit, ihre Gegenwart. Je weiter man dem Ende des Gedichtes zustrebt, desto seltener wird offensichtlich die Sinnlichkeit der Visionen. Die Worte gewinnen eine Art ganz intellektueller Erhabenheit:

– *Quelquefois je vois au ciel des plages sans fin couvertes de blanches nations en joie. Un grand vaisseau d'or, au-dessus de moi, agite ses pavillons multicolores sous les brises du matin.*[1]

Manchmal sehe ich am Himmel endlose Strände, belebt von freudigen weißen Völkerschaften. Ein großes goldenes Schiff über mir läßt seine bunten Wimpel in den Morgenwinden flattern.

Um das wunderbare Reich zu beschreiben, zu dessen Grenzen er sich willentlich emporgeschwungen hat, findet der Dichter nur zwei Worte: «die glänzenden Städte». Deutlich erkennt man, daß er hier an der Grenze seines dichterischen Vermögens angekommen ist, daß er hier vom Geist seiner Schau verlassen wird.

Aber nichts ist natürlicher als diese äußerste Not, in der wir ihn erblicken. Er mußte dorthin gelangen. Fast von selbst ist er aus seinem Gebiet verdrängt worden. Denn die Aufmerksamkeit selbst, die er seinem Gegenstand schenkte, hat ihn fortgetragen, ihn ausgestoßen. Das Schauspiel, das er betrachtete, lud durch sein Wesen selbst ihn ein, es hinter sich zu lassen, aber ein anderes vermochte er nicht zu sehen. Unter dem Andringen seines Blicks hat die irdische Welt, die er zu übersteigen versuchte, sich von der überirdischen befreit, sich aus der Verlegenheit gezogen. Die beiden Reiche sind wie zuerst

1) Une Saison en Enfer: Adieu. *Œuvres complètes*, S. 243.

getrennt, und da Rimbaud nur ihre Vereinigung schaute, fand es sich, daß nichts mehr zu sehen war. Er gehörte nicht zu denen, die schreiben, weil sie nicht anders können: So hat Rimbaud in diesem Augenblick seine literarische Aufgabe als beendet angesehen.

Mit anderen Worten könnte man sagen, daß Gott Rimbaud exemplarisch machen wollte, indem er ihn rein erhielt; er bestimmte ihn dazu, einen Augenblick des Übernatürlichen in seiner Vollkommenheit zu repräsentieren. Und damit wir in unserer Erinnerung tiefer jenen Geist des Geistes faßten, hat er ihn abgelöst gezeigt; er wischte alles fort, was ihm folgen und vollenden könnte; er umgab ihn mit Schweigen und Stumpfsinn. Wie der Naturforscher das Organ, dessen Funktion er untersucht, isoliert, hat Gott uns mit Rimbaud ein deutliches und erhellendes Experiment vorgeführt. Der Verzicht, der darauf folgte, ist ein Teil seiner Evidenz.

Wenn wir den Gedanken weiter verfolgen, kommen wir zu diesem Resultat: Es gibt kein «Problem Rimbaud», weil die Entwicklung seines Geistes, wenn auch ungewöhnlich, so doch von vollendeter Stetigkeit ist. Schon unter seinem ersten Fieberwahn lauerte der Stumpfsinn; sein Genie war immer dem Schweigen benachbart. Selbst wenn er sah, war es in einer Einsamkeit, in einer vollständigen Abgelöstheit von allem, das ihn umgab. Er hatte eine zupackende Einsicht; etwas, von dem man auf einmal mitgenommen und bis zu einem bestimmten Ort getragen wird; darüber hinaus gibt es kein Weitergehen, keinen Weg. Rimbaud kennt nicht das langsame Arbeiten, etwas, das man durch allmählichen Fortschritt erreicht. Diskursives Denken fehlt ihm vollständig. Er ist mit seinem ganzen Wesen der Intuition verpflichtet. Und so ist er auch ganz nahe der Unwissenheit, wenn er erkennt; ganze nahe dem Schweigen, wenn er spricht. Er sieht, solange sich die Bilder auf der Netzhaut halten.

Für ihn ist alles unmittelbares Gegenüber; immer steht er mit der Mitte der Dinge in Verbindung, spricht er stoßweise mit ihr, zieht er sich zurück, sowie er mit ihr in Berührung gekommen ist. Nichts ist in dieser Hinsicht überraschender als die Lehre, die sich aus dem Entwurf zur *Alchimie du Verbe* ziehen läßt. Liest man den endgültigen Text, scheinen die Gedanken ganz natürlich einer aus dem anderen hervorgegangen zu sein, wie es im logischen Denken geschieht. Man glaubt, eine autonome Bewegung des Gedankens zu erkennen, eine Entwicklung und Folgerichtigkeit. Aber die Entwürfe zeigen uns eine radikale Unabhängigkeit der einzelnen Teile: jeder Satz, mithin jeder Gedanke, ist durch eine abgesetzte Operation entstanden, ist wie jeweils ein einziger Barren Metall allein vom Gestein gereinigt, abgezogen und ausgelöst worden. Er war zuvor eine simple Tatsache, ein Ding. Der einzige Grund, gerade ihn zu nehmen, lag darin, daß er sich vorfand. So ist die *Alchi-*

mie du Verbe, die von allen Gedichten Rimbauds am meisten einer Erzählung nahekommt, in Wirklichkeit nichts als ein Paket erläuterter Visionen, ein Stück für Stück dem umfassenden inneren Geheimnis Abgerungenes. — Aber gerade was im Augenblick noch anwesend ist, kann im nächsten verschwunden sein. Die Verbindung mit der Mitte der Dinge gehört zu den labilsten, schwierigsten. Vom leichtesten Hauch waren die Gesichte Rimbauds gefährdet. Und da er ohne Vorwarnung von ihnen überfallen wurde, konnte er ebenso plötzlich wieder von ihnen verlassen werden. Und nichts war in ihm, das ihre Abwesenheit ausgeglichen hätte. So wenig er die kleinen Gefühlsstruktionen kannte, die uns der Menschheit zuteilen, so wenig war sein Geist imstande, geduldig zu rekonstruieren, in Gedanken auszufüllen, was uns erlaubt, die Wirklichkeit zu sehen, ohne mit ihr in unmittelbare Berührung zu kommen. Er kannte sie nur in schrecklicher Freiheit, er stand ihr allein gegenüber, einsam wie die Liebe, mit gleich trunkener Verzweiflung, mit gleich erhabener und unmittelbarer Bestialität. Deshalb verließ sie ihn, wie uns das geliebte Wesen entschwindet.

Diese niederschmetternde und zufällige Verbindung mit den Dingen, die in gewisser Hinsicht einer Minderwertigkeit gleichkommt, — versetzt sie ihn doch in Abhängigkeit von der Außenwelt — ist trotzdem der Grund der ungemeinen Würde Rimbauds. Durch sie ist er ein Wunder ohnegleichen in der Geschichte der Literaturen. Oder vielmehr durch sie ist er außerhalb aller Literatur. Mit ihm haben wir zum ersten Mal die Gedankenkonstruktionen hinter uns gelassen. Er selbst hat mit ungewöhnlicher Klarheit die Originalität seines Verfahrens gespürt:

L'intelligence universelle a toujours jeté ses idées naturellement; les hommes ramassaient une partie de ces fruits du cerveau: on agissait par, on en écrivait des livres: Telle allait la marche, l'homme ne se travaillant pas, n'étant pas encore éveillé, ou pas encore dans la plénitude du grand songe. Des fonctionnaires, des écrivains: auteur, créateur, poète, cet homme n'a jamais existé![2]

Der kollektive Geist hat seine Ideen stets frei aus sich entlassen; die Menschen nahmen einen Teil dieser Früchte des Gehirns auf: man arbeitete damit, schrieb davon Bücher; so ging es, da der Mensch sich nicht selbst bemühte, da er noch nicht erwacht war oder noch nicht in der Fülle des großen Traumes stand. Funktionäre, Schreiberlinge: Der Autor, Schöpfer, Dichter: Dieser Mensch ist noch nicht gewesen!

Auf der einen Seite stehen die «Früchte des Gehirns», die «Bücher», in denen sich das selbstherrliche Wirken des Geistes vollendet. Die Literatur ist ein Ganzes aus natürlichen Ergebnissen, die von einer geregelten Überwachung unseres Geistes erreicht werden. Um sie zu «machen», bedarf es nur kleiner Berichtigungen des einmal eingeschlagenen Weges und der selbständig vorge-

---

2) Brief an Paul Demeny, 15. Mai 1871 – *Œuvres complètes*, S. 270.

nommenen, in uns schon vorgeformten Verkettung der Gegenstände. So erheben wir uns langsam zu einem «Werk», das vollendet sein kann. Aber dieser Arbeit gegenüber, allein auf seiner Seite, steht Rimbaud: «Autor, Schöpfer, Dichter», der einmalige Mensch. Einer, der sich aller menschlichen Fähigkeiten entschlagen hat, außerhalb fast allen Geisteslebens. Einer hat sich für uns über unsere Kombinationen, über unsere fleißige Arbeit erhoben, und gab sich allein die Aufgabe zu sehen. Durch ihn hat sich zum ersten Mal das Gefängnis des Geistes geöffnet. Rimbaud stellt sich auf die Trümmer, den Ort der Niederlage, der aber auch Grenzpunkt ist, von dem aus die Menschheit eines ungeheuren Austausches fähig wird. Er führt uns dorthin, wo wir schutzlos sind, wo wir von einem Augenblick zum anderen weggeführt werden können.

Jeté par l'ouragan dans l'éther sans oiseau.[3]

Vom Sturm geworfen in den vogelleeren Äther.

Welche Gemeinsamkeit gibt es zwischen einem beliebigen «Buch», einem geduldig hervorgebrachten Werk und diesem Aufbrechen aus dem Geist, das Rimbaud uns mit ihm vollziehen läßt?

Wir müssen jedoch noch genauer die Bedeutung Rimbauds definieren. Mit einem Wort, er ist der große Zerstörer aller Solidarität unter den Dingen, der überall

---

3) Le Bateau ivre. *Œuvres complètes,* S. 102.

wieder die Einsamkeit aufrichtet: zunächst unter den Elementen des Geistes, den Ideen, zugleich jedoch unter den Elementen der Welt, den Dingen. Er befreit sie von aller Verbindung. Wir wissen bereits, daß sein Werk die Welt unzusammenhängend machen, das Chaos wiederherstellen will. Wie er uns aus der Literatur führt, so auch aus der Wissenschaft. Sie lehrt die Dinge im Zusammenhang zu sehen, sie führt sie zu gegenseitiger Vollendung, und die Unvollkommenheit des einen berichtigt sie durch die des anderen. Die Funktion der Dichtung, wie Rimbaud sie auffaßt, ist im Gegenteil, die Dinge zu lehren, sich zu unterscheiden. Sie wird sie aus ihren Zusammenhängen lösen, sie deckt die ihnen eigene Unvollkommenheit auf, die nur durch ein Etwas von anderer Art, aus einer anderen Welt aufgehoben werden kann. Die Dichtung stellt, als wäre es ihr ausdrückliches Vorrecht, die Welt wieder her, die nicht genügt, und zeigt sie offen zu dem, das heruntersteigen muß, um sie zu vollenden. Rimbaud verwandelt die Welt in ein Ganzes schwächlicher und sich gegenseitig behindernder Anläufe; die Alltagsdinge werden skizzenhaft, Bruchstücke einer übergeordneten Realität. Freigesetzt, abgetrennt und verstümmelt warten sie, fragen sie, bezeichnen sie ein Unbekanntes. Sie sind wie ein Haufen zerbrochener Steine, die an einen Tempel erinnern, wie ein Chor, der eine kultische Handlung feiert, die von Schweigen und Vergessen unterbrochen wird. In den *Illuminations* findet man an verschiedenen Stellen die Idee einer Zwitternatur, einer zweimal erschaffenen Welt:

Cela commençait par toute rustrerie, voici que cela finit par des anges de flamme et de glace.[4]

Das begann mit allem Bauernunfug, und nun endet es mit Engeln in Feuer und Eis.

Alles ist nur mehr Bruchstück:

Je vois la suite! Ma sagesse est aussi dédaignée que le chaos. Qu'est mon néant, auprès de la stupeur qui vous attend?[5]

Ich seh die Folgen! Meine Weisheit wird ebenso verachtet wie das Chaos. Was ist mein Nichts gegenüber der Betäubung, die euch erwartet?

Will sagen: für jeden Gegenstand sehe ich eine Folge voraus, eine Verlängerung und Vervollkommnung. Weisheit ist es zu erkennen, wie abgelöst alle Dinge sind und wie ausgesetzt der Vollendung. Aber weil wir sie in unseren Händen festhalten, sie gefangensetzen, sind wir beruhigt und glauben, die Schlaueren zu sein. Eines Tages jedoch wird uns das Kurzsichtige, Chaotische dieses direkten Umgangs mit den Dingen auf einmal enthüllt werden; und dann werden wir mit Bestürzung bemerken, daß wir nur unförmige und unverständliche Bruchstücke in Händen hielten, die Welt im Beginn.

Der Dienst, den Rimbaud uns geleistet hat, besteht darin, uns schon vorher auf diesen Tag und seine Über-

4) Les Illuminations: Matinée d'Ivresse. *Œuvres complètes,* S. 184.

5) Les Illuminations: Vies. *Œuvres complètes,* S. 182.

raschung vorzubereiten, indem er uns schon jetzt von dieser Welt und ihrer Kohärenz ablöst. Hier stoßen wir erneut auf seine Mission, wie wir sie im ersten Teil dieser Studie gedeutet hatten, uns nämlich zu hindern, uns selbst inmitten der vertrauten Dinge wiederzufinden, uns zu desorientieren, uns unzufrieden und unwohl zu machen. Er will die Fenster öffnen; er drängt sich zwischen unsere Gewohnheiten wie die bösen Geister, die im Zimmer des *Jeune Ménage* spuken:

Le marié a le vent qui le floue
Pendant son absence, ici, tout le temps.
Même des esprits des eaux, malfaisants
Entrent vaguer aux sphères de l'alcôve.[6]

Der Ehemann hat Wind, daß er betrogen wird während seiner Abwesenheit, hier, die ganze Zeit. Selbst Wassergeister fliegen ein, die Übeltäter, und streichen durch den Raum des Alkoven.

Er stellt die Möbel um uns um; er entblößt uns, er vertreibt uns nach draußen, ohne daß wir uns gerührt hätten. Unter seinem Einfluß verkümmert alles, wird alles klein und niedrig. Auf ganz merkwürdige Art sind wir nun in der Welt. Es ist, als wäre uns die Wirklichkeit genommen:

Décidément nous sommes hors du monde.[7]

Wir sind entschieden aus der Welt.

---

6) Jeune Ménage. *Œuvres complètes,* S. 136.
7) Une Saison en Enfer: Nuit de l'Enfer. *Œuvres complètes,* S. 227.

Man beobachtet uns, und wie in Träumen verlassen wir unser Versteck:

Je suis caché et je ne le suis pas.[8]

Versteckt bin ich und bin es nicht.

Auf einmal sehen wir, daß das Dach abgedeckt ist, und schon ist kein Weg mehr, uns vor dieser ungeheuren Öffnung in Sicherheit zu bringen, vor dem Übermächtigen, das über uns hängt und zu kreisen beginnt.

Ich glaube nicht, daß man Rimbaud als Christen betrachten kann. In seinem Werk gibt es kein ausdrückliches Glaubensbekenntnis, und im übrigen denke ich nicht, daß er im Augenblick der Niederschrift fähig gewesen wäre, ein Dogma mit allen seinen unterschiedlichen und miteinander verknüpften Artikeln anzunehmen, daß er freiwillig ihm hätte angehören können. Die Form selbst seines Geistes verbot ihm den Weg des Glaubens; zum Sehen bestellt, war er unfähig des Glaubens. Aber Rimbaud leitet zum Christentum hin: Er übernimmt, ohne es zu wollen, die vorangehende Aufgabe, alle unsere natürlichen Bindungen zu zerbrechen, und läßt in uns das Bedürfnis neuer Bindungen entstehen. Von nun an sind wir gezwungen, uns auf etwas anderes zu berufen. Ich schlage das Buch auf, und überall öffnen sich neue Ausgänge. Ich kann es nicht bewen-

8) Ebd., S. 228.

den lassen bei dem, was ich in Händen halte. Ich muß um jeden Preis darüber hinaus. Ich für meinen Teil habe es lange studiert. Was mich ihm verbindet, ist nicht Freundschaft, Mitgefühl, wie für die *Fleurs du Mal*. Sondern ich empfinde es jedesmal als eine Gefahr, an die ich mich gewöhnt habe. Es ist wie eine schmale und versteckte Tür an meiner Seite; jedesmal, wenn ich es wieder vornehme, gehe ich ein wenig weiter, und ich finde kein Hindernis, das nicht eines Tages wiche und schweigend sich auflöste. Keine Grenze des Verstehens. Ich habe das Unmögliche hinter mir gelassen. So sehr, daß ich manchmal fürchte hinwegzugehen. Aber dann erkenne ich, daß all dies statt einer äußersten Grenze nur ein Beginn ist, und ich suche das wahre Ende. Rimbaud verkennt zweifellos und kümmert sich kaum darum, wie er die Leere füllen könnte, die er vor mir eröffnet. Aber die Vollendung der Arbeit, die er verschmäht, vollzieht sich in mir. Ich lasse die Wunde, die er meinem Geist schlug, nicht ohne Heilung. Ich befühle sie aufmerksam, ich denke darüber nach; und vielleicht kann sie nur durch die katholischen Dogmen einst geschlossen werden.

bernd mattheus

rimbaud lesen

die urteile über die poesie
sind wertvoller als die poesie.
isidore ducasse, *poésies*.

1. monologische positionen
der text als botschaft – biographie

«als man 1927 in rimbauds heimatstadt charleville ein standbild für den dichter errichtete, legte raymond queneau mit dem manifest *permettez!* im namen der surrealisten protest ein gegen diesen akt der *récupération*.[1] rimbaud, im bewußtsein der surrealisten der exemplarische anti-bürger und die unantastbare inkarnation der jugendrevolte, man sah sein werk vereinnahmt, seine person fetischisiert vom kleinbürgertum: „jeder fiese kleine rentner, jeder bengel aus einem offiziershaus, jeder sohn eines obersteuersekretärs, jeder selbstgefällig grinsende idiot, der zu weihnachten ein motorrad kriegt, jede in seidenpapier hochgepäppelte mißgeburt erblickt in rimbaud ihr zweites ich“ [2]. hinter der entrüstung der surrealisten – angesichts der populären rimbaud-rezeption – verbirgt sich die unausgesprochene forderung, daß rimbaud lesen bedeute, rimbaud zu sein. wer so unbeirrt für das emblem des „maßlosen individualismus“ (a. gide) und der revolte eintritt wie die surrealistische ‚gruppe‘ und, mit einschränkungen, ganz besonders andré breton, den muß es befremden und zugleich empören, wer sich alles – von christlichen schriftstellern angefangen – auf rimbaud beruft. „wißt ihr, daß eine theatergruppe *eine zeit in der hölle* ‚gibt‘. / höchst drollig, diese theaterleute – entweder sie glauben – aus beruflicher einseitigkeit –, die existenz auf das niveau ihrer dreckigen pariserischen vaudevilles herabsetzen zu können; oder sie besitzen diese anmaßung, sie sehen das: die zeit in der hölle! kommen sie rasch wieder, es gibt viel gesunden zorn zu teilen“ [3], mokiert sich laure über den mißbrauch, den man mit rimbauds œuvre im bürgerlichen kulturbetrieb treibt. rimbauds leben als oper auf den letzten festspielen von avignon: „arrangierte popgesänge“, der ‚sohn der sonne‘ sah das voraus. – nach ansicht eines

feuilletonisten der sparte u-musik verband der amerikanische rocksänger, lyriker und filmemacher jim morrison *(the doors)* „rock und blues mit artaud und rimbaud". „rimbaud was a rolling stone" [4], behauptet die rocksängerin patti lee smith in einem gedicht-text, im folgenden näher auf ihre art der auseinandersetzung mit dem dichter eingehend: „ich habe rimbaud fünf jahre lang nicht gelesen, ständig nur das buch mit mir rumgetragen und mir das bild angeschaut. (...) ich schaue mir also daraufhin die ‚illuminations' an und sage mir: yeah, das ist ein genie" [5]. – ohne zweifel ist das ‚schaffen' gewisser neo-heiliger der populären kultur im angelsächsischen sprachbereich von rimbaud markiert: sei es w. s. burroughs oder bob dylan; das gilt um so mehr für die schriften laures und danielle sarréras, die rimbaud – über paraphrasie und allusion hinausgehend – sogar in der diktion fortzusetzen scheinen. doch komparistik beiseite: die zugänge zu rimbaud sind – gemessen an patti smith, henry miller, antonin artaud u. a. – ausgesprochen existenzieller art. für henry miller war die lektüre rimbauds zu einem bestimmten zeitpunkt entmutigend für seine eigenen schriftstellerischen ambitionen. vergleichbar mit der reaktion des fünfundzwanzigjährigen artaud, der sich keinerlei anleihen bei rimbaud eingestehen mag; zwar gibt er zu, daß er die gleichen sorgen wie rimbaud habe, seine gedichte hätte er jedoch nur ein einziges mal gelesen.[6] ironische distanz bewahrt er selbst zu einem zeitpunkt noch, wo er rimbaud – sei es per zitat, sei es namentlich – ständig in seinen schriften heraufbeschwört: an einen freund, der gerade *une saison en enfer* liest, richtet er die frage, wer der verfasser des buches sei [7].
rimbauds beispiel, textuell und biographisch, läßt keine indifferenz zu. für die einen markiert er die grenze zum „tod der schönen künste" (roger gilbert-lecomte), den anderen ist er noch immer unübertreffbares leitbild und idol. fasziniert vom mythos rimbaud, gilt vielen dieser dichter als genie par excellence. die adepten des geniekultes wie die suspekten verfechter der ‚reinen poesie' huldigen allerdings in gleichem maße einem obskurantismus, der die weigerung bedeutet, sich mit *rimbauds text* auseinanderzusetzen.

von 1919 bis 1924 veröffentlichte andré breton in der zeitschrift *littérature* originaltexte von rimbaud. diese tatsache erklärt jedoch nur höchst unzureichend die an idololatrie grenzende wertschätzung, die rimbaud seitens der surrealistischen bewegung entgegengebracht wurde, und zwar von ihrem entstehen an. „rimbaud hat uns eine neue art zu sein und uns inmitten der dinge zu halten gelehrt“ [8], schrieb artaud, sein augenmerk auf den gebrauchswert von dichtung richtend. auf diesen aspekt bezogen äußerte sich auch andré breton: „es wäre jedoch ein fehler, die kunst als einen zweck in sich zu betrachten. die doktrin der ‚l'art pour l'art‘ ist ebenso mäßig wie eine doktrin des ‚lebens um der kunst willen‘ mir sinnlos scheint. *man weiß jetzt, daß die poesie irgendwohinführen muß.* auf dieser überzeugung beruht zum beispiel das leidenschaftliche interesse, das wir für rimbaud bekunden“ [9]. schließlich faszinierte an der *person* eines lautréamont oder rimbaud die antibürgerliche haltung und daß sie keine berufs- noch salonliteraten waren. der eingefleischte literat breton schreibt, stellvertretend für seine generation und die nachfolgende: „wenn werke wie diejenigen von ducasse, von rimbaud, von nouveau dieses prestige bei der jugend genießen, (...) so kommt das daher, daß diese autoren nicht dem schreiben gelebt haben (...). weil nämlich ihre haltung als menschen ihre schriftstellerischen verdienste weit hinter sich läßt und einzig diese haltung ihrem werk seinen wirklichen sinn verleiht, so daß wir es bewundern“ [10]. der stilisierung rimbauds zur leitfigur der revolte stand nichts mehr im wege.

im zweiten surrealistischen manifest erklärt breton den „rimbaud der jahre 1874 bis 1875“, das heißt der *illuminations*, neben borel, nerval, baudelaire, lautréamont, huysmans und apollinaire zum „vorbild“ der surrealisten. „alchemie des wortes: dieser ausdruck, den man heute mehr oder weniger zufällig immer wieder aufgreift, will wörtlich verstanden werden. wenn auch das kapitel *une saison en enfer*, das er bezeichnet, vielleicht nicht seine ganze bedeutung erschöpft, so stimmt es doch, daß er als der authentischste durchbruch der ideen gelten darf, für den lediglich der surrealismus heute und unter schwierigkeiten eintritt. es wäre geradezu literarische kinderei, wollten wir vorgeben, daß wir diesem berühmten text nicht außerordentlich viel verdanken."[11] mit einer geste der exklusivität wird rimbauds, im sogenannten *lettre de voyant* skizzierte poetik mit der surrealistischen identifiziert. „ich möchte darauf aufmerksam machen, daß die surrealistischen forschungen in der zielsetzung mit den alchimistischen forschungen eine bemerkenswerte analogie aufweisen: der stein der weisen ist nichts anderes als das, was die einbildungskraft des menschen dazu bringt, an allen dingen schlagend rache zu nehmen; und da sind wir nun wieder, nach jahrhundertelanger unterwerfung des geistes und dumpfer resignation, und versuchen, endgültig diese einbildungskraft zu befreien, durch die ‚lange gewaltige, überlegte unordnung aller sinne' und so fort."[12] einwände erhebt breton gegen das ästhetizistische bei rimbaud: „‚*heute weiß ich die schönheit zu grüßen*': daß rimbaud uns an eine zweite flucht glauben machen wollte, als er ins gefängnis zurückging, ist unverzeihlich. – ‚alchimie des wortes': man kann auch bedauern, daß das wort ‚verbum' hier in einem etwas einengenden sinn gebraucht wird, und rimbaud selbst scheint im übrigen zu erkennen, daß ‚die poetische altertümelei' zuviel platz in dieser alchimie beansprucht"[13]. im selben manifest bekundet er die emanzipation der surrealisten von der bedingungs- und kritiklosen nachfolge rimbauds: „schließlich ist nichts unfruchtbarer als diese fortwährende befragung der toten (...). zu viele betrüger profitieren vom erfolg dieser geistigen leichenfledderei, als daß ich ihnen auf dieses gebiet folgen möchte. keiner von uns darf, wenn es um die revolte geht, ‚vorläufer' nötig haben. ich möchte betonen, daß man meiner meinung nach dem kult, den man mit den großen männern treibt, mißtrauen muß, so groß sie auch scheinen mögen. einen einzigen – lautréamont – ausgenommen, sehe ich keinen, dessen spuren nicht irgendwelche zweideutigkeit verrieten. unnötig, noch über rimbaud zu streiten: rimbaud hat sich getäuscht, er hat uns täuschen wollen. er hat sich uns gegenüber schuldig gemacht, indem er gewisse, für sein denken entehrende interpretationen claudelscher machart erlaubt, ja sie nicht völlig unmöglich gemacht hat"[14]. apropos „interpretationen claudelscher machart": von henry miller hätte ich am wenig-

sten erwartet, daß er die tradition fortsetzen würde, das werk erklärter atheisten nach ihrem tode zu konsekrieren. „ein künstler erlang erst das recht, sich einen schöpfer nennen zu können, wenn er sich selbst eingesteht, daß er nur ein werkzeug ist. ‚autor, schöpfer, dichter! solch ein mensch hat noch nicht existiert!' so sprach rimbaud in jugendlicher anmaßung. aber er äußerte damit eine tiefe wahrheit. der mensch erschafft nichts aus eigener kraft. alles ist erschaffen, alles ist vorausgesehen... und doch herrscht freiheit. freiheit, um gottes lob zu singen." [15] ‚künstler', ‚schöpfer' von gottes gnaden... der ‚künstler' ein gottesanbeter, die kunstübung ein gottesdienst... sofern miller überflüssigerweise nicht nocheinmal auf den göttlichen ursprung des wortes hinweisen wollte – zur entmystifizierung der rolle des schreibenden trägt sein statement leider nichts bei.
die gleiche nebulöse terminologie gebraucht sartre, hier mit rimbaud gegen baudelaire argumentierend: „(...) als rimbaud seinerseits versucht, sein eigener schöpfer zu werden, und diesen versuch mit seinem berühmten ‚ich ist ein anderer' definiert, da zögert er nicht, eine radikale umwandlung in seinem denken vorzunehmen. er betreibt die systematische ausschweifung aller seiner sinne, er durchbricht diese angebliche natur, die ihm seine bürgerliche herkunft mitgab und die nichts anderes als gewohnheit ist. er spielt keine komödie, er bemüht sich, wahrhaft außerordentliche gedanken und gefühle hervorzubringen. (...) rimbaud verliert keine zeit damit, die natur zu verabscheuen: er zerbricht sie wie eine sparbüchse. (...) rimbaud schafft form *und* stoff" [16]. gleich henry miller, projiziert sartre auf rimbaud seine persönliche ‚emanzipation' von seiner bürgerlichen herkunft, und nach diesem bewußtseinswandel vermag rimbaud zu ‚schaffen'; vom schöpfer-rimbaud zum „mystique à l'état sauvage" (claudel) ist der weg nicht weit. „rimbauds größe liegt nicht in seinen ersten aufschreien aus charleville, noch in den schmuggelgeschäften in harrar. sie bricht in jenem augenblick aus, da er der revolte die befremdlich richtigste sprache verleiht, die sie je gehabt hat, und darin zu gleicher zeit seinen triumph und seine angst, das leben, das der welt fehlt, und die unvermeidliche welt, den ruf nach dem unmöglichen und die rauhe, zu umfassende wirklich-

keit, die abweisung der moral und die unwiderstehliche sehnsucht nach der pflicht in worte faßt. wo er, der in sich selbst die erleuchtung und die hölle trägt, der die schönheit grüßt und beleidigt, aus einem unvereinbaren widerspruch einen wechselgesang macht, ist er der dichter der revolte und ihr größter." [17] während rimbauds ‚konversion' oder flucht für henry miller nur ein weiterer anlaß zur bewunderung ist – „unsere gesellschaft hat sich nun schon lange zeit an der botschaft des künstlers uninteressiert gezeigt. die stimme, die niemand beachtet, verstummt schließlich. auf die anarchie der gesellschaft antwortet der künstler durch schweigen. rimbaud war der erste, der diese geste vollführte. sein beispiel hat uns verzaubert..." [18] –, reagiert camus auf diesen akt wie ein gläubiger auf ein sakrileg, für ihn ist rimbaud ein verräter: „wir stellen indessen fest (...), daß rimbaud der dichter der revolte *nur in seinem werk* war. sein leben rechtfertigt bei weitem nicht den mythus, den er heraufgerufen hat; es gibt – eine objektive lektüre seiner briefe aus harrar liefert den beweis – bloß das beispiel eines einverständnisses mit dem schlimmsten nihilismus. rimbaud wurde vergöttert, weil er auf sein genie verzichtet hat, als setzte dieser verzicht eine übermenschliche tugend voraus. (...) doch wo ist demnach die tugend dessen, der sich vom widerspruch abwendet und sein *genie verrät,* bevor er es bis zum Ende durchlitten hat? rimbauds schweigen ist für ihn keine neue art der revolte, wenigstens können wir es nicht mehr behaupten seit der veröffentlichung seiner briefe aus harrar" [19].
rimbauds beispiel, besser: das symbolische seines bruches, seiner absage erfüllt die dichtergeneration nach ihm mit skrupel. künftig kann es keine ‚poesie' mehr geben, die unschuldig, unverbindlich wäre. „selbst einfache gemüter spüren dunkel, daß rimbaud dem möglichen der poesie entsagte, indem er es aufgab, aus ihm das vollkommene opfer machte, ohne zweideutigkeit, ohne vorbehalt. daß er bloß in einer langweiligen absurdität endigte (seine afrikanische existenz), war in ihren augen von zweitrangiger bedeutung (worin sie nicht unrecht hatten, ein opfer rächt sich, das ist alles). aber diese gemüter können rimbaud nicht folgen: sie können ihn bloß bewundern – rimbaud hatte durch seine flucht gleichzeitig dem möglichen für sich selbst entsagt wie dieses mögliche

für die anderen beseitigt.“ [20] das so geweckte schlechte gewissen könnte sich, batailles ansicht nach, in form von gesellschaftlichem engagement äußern, denn „die poesie kann verbal die etablierte ordnung mit füßen treten, aber sie kann sich nicht an ihre stelle setzen. wenn das grauen vor seiner machtlosen freiheit den dichter entschlossen in die politische tätigkeit verwickelt, gibt er die poesie auf. doch von da ab übernimmt er die verantwortung für die künftige ordnung, er beansprucht die *leitung* der tätigkeit, die *größere haltung* (attitude majeure): und wir können es nicht versäumen zu begreifen (...), daß die dichterische existenz, in der wir die möglichkeit einer *souveränen haltung* (attitude souveraine) erblickten, in wirklichkeit die *kleinere haltung* (attitude mineure) ist, daß sie bloß eine kindliche haltung, bloß ein willkürliches spiel ist. die freiheit wäre allenfalls eine macht des kindes (...)“ [21].
nicht wenige nannten rimbauds mutismus, seine ‚konversion' zum bürgerlichen leben, enttäuscht einen geistigen selbstmord, einen verrat am ‚genie', sahen darin eine demission – wenn sie nicht sein harrar als private episode ausklammerten aus ihrer betrachtung. von beiden ‚parteien' wurde folglich als sakrileg ausgelegt, was nur konsequent war: rimbaud verabschiedete das unmögliche (bzw. das mögliche der ‚poesie'), nicht mehr fähig, die kontradiktion zu leben; nicht mehr willens, für das ‚poetische sein', das heißt eine nichtaffirmative praxis die verantwortung zu tragen.
das exil, das er sich selber war, die wüste in den großstädten, dann das äußere exil in der wüste. *nicht daß rimbaud mit zwanzig jahren nichts mehr zu sagen gehabt hätte: er hatte einfach nichts mehr zu schreiben.*
rimbaud hätte sehr gut die zeitgemäße dichterische haltung wählen können: hätte sein ‚genie', sein leiden ausbeuten (in der öffentlichkeit weinen) und jedes jahr ein buch veröffentlichen können, er hätte den tod wählen können – sofern man nicht seine entscheidung als eine sekundäre art von selbstmord betrachtet. „die andere seite ist, daß der künstler, der sich den risiken der erfahrung darbietet, die die seine ist, sich nicht frei von der welt, sondern um die welt beraubt fühlt, sich nicht als meister seiner selbst, sondern abwesend von sich und einer forderung ausgesetzt fühlt, die ihn – indem sie ihn aus dem leben stößt

und aus jedem leben – in dem augenblick öffnet, wo er nichts tun kann und wo er nicht mehr er selbst ist. da flieht rimbaud bis in die wüste die verantwortlichkeiten der poetischen entscheidung. er begräbt seine einbildungskraft und seinen ruhm. er sagt ‚leb' wohl' zum ‚unmöglichen' auf die gleiche weise wie leonardo da vinci und beinahe mit den selben worten. er kehrt nicht wieder in die welt zurück, er nimmt in ihr seine zuflucht, und allmählich breiten seine, von jetzt ab der gefühllosigkeit des goldes gewidmeten tage, den schutz des vergessens über seinem kopf aus. (...) desertion, demission, die man ihm vorwirft, aber der vorwurf fällt dem sehr leicht, der nicht das risiko eingegangen ist."[22]
apropos rimbaud und sein verhältnis zum geld: rimbaud soll in seinem zweiten lebensabschnitt einen gürtel mit goldmünzen stets am körper getragen haben. man wird an dalí erinnert, aber auch an den konfinierten artaud, der ansprüche auf ein – inexistentes – vermögen erhebt. zählt man, wie bataille es tut, die poetische praktik zu den gestalten der souveränität – die sich u. a. in der trunkenheit, in der ekstase, im lachen, in der erotik manifestiert –, also zu den praktiken der verschwendung oder verausgabung, dann findet deren unterdrückung ihren adäquaten ausdruck in der akkumulativen tätigkeit. mit freud kann julia kristeva feststellen, daß die verdrängung der verneinung, das heißt der analität, für das subjekt zur oralisation und die verdrängung der verausgabung, für die gesellschaft zum kapital führt.[23]
„‚er sagt: ‚ich liebe die frauen nicht. die liebe muß von neuem erfunden werden, das weiß man. sie können nur noch eine sichere versorgung wollen. haben sie die einmal erreicht, so werden herz und schönheit beiseite gelegt: es bleibt nur kalte verachtung, die speise, von der man sich in der ehe nährt, heutzutage. oder ich sehe, wie frauen, die das zeichen des glücks auf der stirn tragen, aus denen ich, ja ich, mir liebe gefährtinnen hätte bereiten können, ohne weiteres von rohlingen, gefühlvoll wie scheiterhaufen, verschlungen werden...'" nicht zuletzt dieser *délires* betitelte abschnitt der *saison en enfer* hat, ebenso wie die episode mit dem ‚mädchen mit den violetten augen', der rede von rimbauds unberührtheit, asketismus, widerstand gegenüber den „stürmen der leidenschaft" (breton) nahrung verschafft: „...so war auch sein lie-

besleben, soweit es die frau betraf, nur von flüchtiger dauer. (...) sogar in der fleischlichen liebe waren ihnen [rimbaud und van gogh] die vorrechte des normalen mannes versagt. (...) da sein gefühlsleben völlig verkümmert war, blieb er für immer unfähig, liebe zu geben oder zu empfangen" [24]. beispiele, die eine solche interpretation zulassen, finden sich in den *illuminations* („da er – obwohl strotzend von blut! – keine frauen geliebt hatte..." *les déserts de l'amour*; „die geschlechtliche unschuld in bitternis beruhigt..." *jeunesse* III: *vingt ans*), besonders zahlreich sind sie jedoch in der *saison en enfer:* „die verbrecher ekeln mich an, wie eunuchen: ich, ich bin unberührt, und das ist mir ganz gleich. (...) aber die prasserei und die vertrautheit mit den frauen war mir untersagt" *(mauvais sang).* für artaud besteht kein zweifel an den zusammenhängen zwischen (heterosexueller) anti-erotik und verfemung, was er am beispiel einiger *poètes maudits* nachzuweisen versucht: „(...) man hat alles getan, um mir wie baudelaire, wie edgar poe, wie nietzsche, wie gérard de nerval, wie lautréamont, wie arthur rimbaud den mund zu stopfen. nicht daß ich mich mit irgendeinem dichter vergleichen wollte, aber ich will sagen, daß alle diejenigen, die sich niemals mit der uterinen dummheit der abgründe kompromittieren wollten, mit der gefräßigkeit dieses klaffenden uterus, (...) erlebt haben, wie sich vor ihnen ein allgemeiner sturm der entrüstung, der verleumdung und des hasses erhob" [25]; „was ich sagen will, (...) ist, daß gleichsam wie eine ungeheure hefe von obszönitäten die gesamtheit des bewußtseins ab und zu empört in die atmosphären aufsteigt, und nicht als eine vermutung, sondern als ein wesen, als eine art von unermeßlicher, denkender und sprechender vagina, eine vagina mit tausend millionen köpfen, die gérard de nerval, charles baudelaire, edgar poe, den marquis de sade, den comte de lautréamont, arthur rimbaud, andré breton, antonin artaud bedrohen" [26]. mit der mehrzahl der von artaud genannten namen läßt sich eine zölibatäre haltung verbinden, nicht misogynie, vielmehr ablehnung der reproduktiven sexualität sowie deren institutionalisierung in ehe und familie. nach jean-louis baudry, der die in den rimbaudschen text eingeschriebene homosexualität thematisiert, kann rimbauds verurteilung der frau auf jene rolle bezogen werden, die sie in der paternellen gesellschaft zu spielen gezwungen ist. unter diesem aspekt betrachtet, ist die ‚bewußte' homosexualität eine antwort auf die besondere ödipale situation der frau. „hinsichtlich des konservatismus der heterosexualität (gesellschaftlich: heirat), die den mann dazu verurteilt, sich durch die frau an das gesetz des vaters zu binden, könnte sich die bejahte homosexualität als eine revolutionäre geste ausgeben, als sexuelle praktik, in der sich die überschreitung des *sinns* – abgewandt von der teleologie der zeugung – und die grenzüberschreitende enthüllung des unbewußten homosexuellen gesetzes verwirklicht. sie scheint den theologismus zu unterwandern, indem sie sein verdrängtes auftauchen läßt: das heißt, die homosexualität selbst. doch diese revolutionäre praktik bleibt in dem maße partiell und illusorisch wie der widerspruch verdrängt und nicht durch die ausschließung der frau beseitigt wird, die der schwingungsknoten der verdrängung selbst wird (...). die homosexualität entspräche dann dem revolutionären anarchismus, der sich weigert, die revolution als praxis und theorie zu denken und sich mit der individuellen geste der ablehnung des gesetzes begnügt – was in wirklichkeit bloß dazu führt, seine herrschaft zu verstärken. die revolutionäre praktik sollte also die (an)erkennung der entfremdung (aliénation) der frau durchlaufen, in der sich die existierende gesellschaftliche ordnung perpetuiert: ‚ich hatte recht, alle jene biedermänner zu verachten, die sich keine gelegenheit zu einer zärtlichkeit entgehen lassen würden, diese schmarotzer der reinheit und gesundheit unserer frauen, heute, da diese so wenig mit uns in einklang sind' *(une saison en enfer: l'impossible)* (...). derart geht es um die *opposition* in rimbauds text: er verurteilt an der frau bloß das *ideologische geschlecht* und bejaht die notwendigkeit einer textuellen befreiung, die den vatermord des gesetzes durchläuft – eine befreiung, die von einer sexuellen pseudobefreiung unterschieden ist, die vor allem dazu beiträgt, die existierende gesellschaftliche ordnung zu verstärken, indem sie sie verbirgt." [27]

in einem *der politische standort der heutigen kunst* betitelten vortrag, gehalten am 1. april 1935 in prag, stellt andré breton die sympathie

rimbauds für die pariser kommune heraus. bei näherer betrachtung von dessen dichterischer produktion während der zeit der kommune, vermag er keinerlei qualitative differenz zu rimbauds übriger produktion zu erkennen. breton folgert: „das zentrale interesse ist hier noch ganz deutlich technischer natur. in beiden fällen wird deutlich, daß es rimbauds großer ehrgeiz war, die welt in eine neue sprache zu übersetzen; dieser ehrgeiz tendierte gleichzeitig dazu, sich alle anderen bestrebungen zu unterwerfen (...). die kunst ist also offenbar bei ihren eigenen themen geblieben, auch wenn zum beispiel das leben der kommune in paris, ihr entstehen und dann auch wieder ihre zerschlagung, für den geist zutiefst erregende tatsachen waren (...). hier zeigt sich, daß die kunst auf grund ihrer ganzen entwicklung in der moderne erkennen muß, daß ihre qualität allein in der vorstellungskraft liegt, ganz unabhängig vom äußeren gegenstand, der ihr den anstoß gegeben haben mag"[28].
spätere aussagen bretons zum problem rimbaud weisen eine ausgesprochen theoriefeindliche tendenz auf. in seinem pampflet *flagrant delit* (1949) wendet er sich beispielsweise gegen alle die, die rimbauds botschaft mit einer lupe zu entziffern suchen; es handle sich nicht darum, zu verstehen, sondern rimbaud zu *lieben*.[29]
esotherischer ästhetizismus spricht schließlich aus breton („du wirst rimbaud niemals wirklich kennen", *flagrant delit*), wenn er etwa rimbaud in eine reihe mit hugo, nerval, baudelaire, lautréamont, jarry und apollinaire – als vom esoterischen denken berührte – stellt, oder wenn er, dichter, denker, okkultisten, erfinder auf der gemeinsamen suche nach einem schlüssel zur dechiffrierung der hieroglyphen und chiffren der welt wähnend, grundlagen wie praktiken von magie und wissenschaft in analogische beziehung setzt.[30]

2. dialogisch-kontestative positionen
der text als schreiben – lesen (autographie)

das theorem ist von natur aus spöttisch.
isidore ducasse, *poésies*.

psychologismus (was drückt das werk aus?) und soziologismus (was spiegelt das werk wider?) leiten das denken jacques rivières, wenn er, mit dem rimbaudschen text konfrontiert, „eine dunkle *botschaft*" vermutet, „deren sinn wir uns zugänglich machen müssen. (...) bestimmen, *was das uns gezeigte ist*" [31] und wenn er fragt, „was das werk von der *außenwelt* in sich aufgenommen hat, (...) welche art von *wirklichkeit es darstellt*" [32].
„es ist unmöglich geworden (...), schreibt philippe sollers im *programme* von *logiques*, aus der schrift (écriture) einen gegenstand zu machen, der auf einem anderen weg als dem der schrift selbst studiert werden könnte." auf dem wege einer textuellen schrift: die expressive und subjektivistische konzeption der sprache aufgebend, situiert sich die arbeit des semiologen zwischen einer skripturalen praxis und ihrer theorie.[33]
die semiologie, in ihrem selbstverständnis als wissenschaft der textuellen produktion und theorie des textes, grenzt sich von der linguistik als der wissenschaft des zeichens und des austausches ab, deren expressivismus und logozentrismus sie verwirft.
die kategorien ‚ausdruck' und ‚schöpfung' werden als residuen der idealistischen metaphysik aufgegeben, wonach der text unmittelbarer reflex (abbild), *repräsentation* eines objekts wäre, das dem text äußerlich ist.[34] die lektüre ist somit nicht mehr auf die frage zentriert, was ein text darstellt und welche wirklichkeit ihm entspricht. konträr zur romantischen ‚poesie', die eine thematische kritik gestattet, sind die seiten der sprache (die grenzen der welt) nicht mehr diejenigen der natur (der dinge), sondern sie wird durch assoziation oder verkettung von signifikaten konstituiert, wobei ‚signifikat' nicht mit ‚referent' identisch ist;

die welt wird vielmehr als feld von signifikanten aufgefaßt, auf dem wörter und dinge zirkulieren, „gleichsam wie die einheiten ein und desselben diskurses, wie die partikel ein und desselben stoffes." [35]die sender-empfänger-relation, das heißt: den diskurs überschreitend, befaßt sich die semiologie mit signifizierenden (bezeichnenden, bedeutenden) praktiken, die als prozesse der *sinnproduktion* gewertet werden; statt der rede (austausch von sinn) ist ihr arbeitsfeld der text (sinnproduktion).[36]

„die texte mallarmés, lautréamonts, roussels verzichten auf das *repräsentative* und expressive, sie durchqueren die repräsentation (den sinn): textuelle produktion, die ihre eigene produktion einschreibt." [37] die gleichen merkmale sind auf den rimbaudschen text übertragbar, den jean-louis baudry als text des bruches bezeichnet. „die *illuminations* lesen heißt, die bewegung einer schrift dechiffrieren zu lernen, die in der produktion eines textes – der vom text, der sie produziert, produziert wurde – ihren eigenen produktiven mechanismus liest. in dem maße beschreibende schrift wie sie beschreibt, was sie einschreibt. beschreibung einer ‚einschreibenden' und produktiven bewegung, die sich augenscheinlich der repräsentation – der theologischen beschreibung (‚hier könnt ihr nicht die spuren eines einzigen denkmals des aberglaubens aufweisen. die moral und die sprache sind auf ihren einfachsten ausdruck zurückgeführt' *[ville]*) – und, in der folge davon, der mentalisierung widersetzt (bereits in der *saison:* ‚dir, der du den dichter liebst, der weder beschreiben noch belehren will, dir verabreiche ich diese wenigen scheußlichen blätter des tagebuches eines verdammten')." [38]
die auslöschung des signifikats in den *illuminations* sieht baudry zum beispiel im gebrauch der possessiv- und personalpronomen („systematischer anaphorismus"), im gebrauch von eigennamen innerhalb eines kontextes, der diese nicht spezifiziert sowie in der auslassung des eigennamens, wo er vorkommen sollte, verwirklicht.[39]

„was die *illuminations* zu lesen geben, ist also die ‚furchtbare schnelligkeit' der textuellen schrift, eine derartige semantische beschleunigung, daß der sinn, der von der repräsentationsbestimmung, von einer gewissen anpassungszeit, von einer dauer abhängt, von einer geschwin-

digkeit verdoppelt, deportiert, verwirrt wird, die die linie überwinden läßt, um die räumlichkeit zu erschließen. lesen und schreiben können mit einer reise verglichen werden. die schnelligkeit der ortsveränderung auf dem weg, auf der linie, indem sie die möglichkeit eines wiedererkennens beseitigt (repräsentative gestaltung), aber durch die anhäufung, das zusammenstoßen, die gegenseitige durchdringung signifizierender gegebenheiten (zum beispiel in *veillées* (...)), transformiert die lineare dimension in textuelle räumlichkeit. im *sinn* einer strecke, die der ausdehnung simultaner textueller flächen platz macht (vgl. auch *après le déluge* und *métropolitain* (...)). (...) so wird sich der text als *pluralität* geben, und man muß hierunter nicht nur multiplizität, verschiedenheit der produktion, nicht nur text als texte verstehen, sondern vor allem zerstörung der einheit, der 1 als referenzmodell der textuellen produktion.“ [40]
kristeva definiert den poetischen diskurs als die einzige linguistische praktik, die der *monologik* („die im 0/1-bereich sich bewegt, die mit identifizierung, beschreibung, erzählung, ausschließen der widersprüche, aufstellen der wahrheit arbeitet“) entkommt. er überschreitet mit dem intervall von 0 zu 2 ein zugleich linguistisches, psychologisches und soziales ‚verbot‘, nämlich die 1 (gott, das gesetz, die definition). „die dinge kommen nicht von der ziffer eins, auch nicht/ von der monade./ sie kommen auch nicht von 0, null/ unter eins/ über 1/ oder ohne eins (...).“ [41] „diese transgression, die die 1 (das verbotene) absorbiert, verkündet die *ambivalenz* des poetischen paragramms, das als koexistenz der monologischen (wissenschaftlichen, historischen, beschreibenden) rede mit einer diesen monologismus zerstörenden rede zu begreifen ist. (...) aus dem poetischen paragramm kann man also die tatsache ablesen, daß die *unterscheidung* von zensur und freiheit, von bewußt und unbewußt, von natur und kultur *historisch* ist. deren koexistenz ist unauflösbar; und die poetische sprache ist eine manifeste verwirklichung der *logik* dieser koexistenz.“ [42]
„daher die wichtigkeit der titel im plural *(vies – scènes – phrases – veillées),* aber auch die ständige bezugnahme rimbauds auf die *harmonie.* denn die harmonie, indem sie auf die differenz in der ähnlichkeit

hinweist, zeigt sich als der intermediäre raum (‚von den beiden äußeren enden des saales her – allerweltsdekorationen – fügen sich aufsteigende strebungen harmonisch ineinander' *[veillées]*), als das intervall, das weiße element, das die verbindung herstellt: einerseits zwischen den nicht-relationellen elementen (sätze, sequenzen), die bloß durch die lineare kontinuität des diskurses miteinander in beziehung gebracht werden, andererseits mit dem anderen text, der textuellen sedimentation, von der dieser text die oberfläche bildet, die auf seine räumlichkeit verweist. ‚hierher verbannt, habe ich mir eine bühne geschaffen, auf der ich die dramatischen meisterwerke aller literaturen spielen könnte. ich würde euch die unerhörten reichtümer weisen. ich erforsche die geschichte der schätze, die ihr fandet. ich sehe, wie eins aus dem anderen folgt! meine weisheit wird ebenso verschmäht wie das chaos. was ist mein *nichts,* gegenüber der erstarrung, die euch erwartet?' (*[vies]* unsere hervorhebung.) diese plurielle szene ersetzt das repräsentative theater, wo die illusorische komödie des zeichens gespielt wird – die bloß das system ist, vermittels dessen die schauspieler, meister des textes und mit seiner interpretation beauftragte (‚sie würden auch neue stücke ... interpretieren' *parade*) ‚eure welten ausgebeutet haben' –, ein system institutioneller und religiöser repräsentationen, komödie der scheinbilder (religiöse, militärische zeremonien, justiz) – waffe der herrschenden ideologie, die *démocratie* beschreibt: ‚... in den hauptstädten werden wir die schamloseste hurerei hochbringen. wir werden die vernünftigen empörungen niedermetzeln./ hin in die gepfefferten und erschlafften länder! – im dienst der ungeheuerlichsten industriellen oder militärischen ausbeutungen ...'" [43]
einer monologischen fragestellung entgeht, welche besondere bedeutung die halluzination für die erarbeitung der *illuminations* besitzt. erblickt rivière in den *illuminations* zunächst noch eine „*absichtlich schief gesehene* realität" [44], so versucht er wenig später zu zeigen, daß sie „trotzdem eine äquivalent außerhalb des geistes des dichters besitzen, daß unsere welt in gewisser weise ist, wie sie sie festgehalten haben, und daß das zerstückelte, unzusammenhängende der welt von außen kommt und auf solche art ein gegenstand für rimbauds werk erscheint" [45]. „die

halluzination, gedacht als skripturale aktivität, zerstört die expressive und repräsentative funktion der sprache: ‚ich gewöhnte mich an die einfache halluzination: ich sah ganz deutlich eine moschee an der stelle einer fabrik, ich sah, wie engel unterricht im trommeln erteilten, sah kutschen auf den straßen des himmels, einen salon auf dem grunde eines sees; die ungeheuer, die geheimnisse; der titel eines singspiels ließ schreckensbilder vor mir aufsteigen./ dann erklärte ich meine magischen sophismen mit der halluzination der worte! *[une saison en enfer: alchimie du verbe]* (...) die so als spezifischer modus der skripturalen produktion dargelegte halluzination kann nicht verstanden werden als die bevorzugte wahl einer repräsentationsform, sondern als einbruch des allgemeinen textes, dem syllogismus und der prädikativen logik der nicht-textuellen ‚wissenschaft' stellt die textuelle wissenschaft die magischen sophismen ihrer logik entgegen. auf die ambivalenz des auf der einheit begründeten denkens und den ausschluß der mit der wahrheit inkompatiblen widersprüche antwortet die textuelle wissenschaft durch den schatz der nicht-exklusiven – disjunktiven – affirmation der widersprüche. ‚ich will alle geheimnisse entschleiern – schreibt rimbaud in der *nuit de l'enfer* –: geheimnisse der religion oder der natur, tod, geburt, zukunft, vergangenheit, die entstehung der welt, des nichts. ich bin meister in zauberkünsten./ hört zu!.../ ich bin in allen künsten bewandert! – hier ist niemand zu sehen und doch ist jemand da: ich möchte meine perlen nicht vor die säue werfen. – wollt ihr negergesänge hören, tänze von huris sehen? wollt ihr, daß ich mich unsichtbar mache, daß ich ins wasser tauche, um den ring zu suchen? wollt ihr? ich kann gold machen, heilmittel herstellen.'" [46]
une saison en enfer versteht baudry als die reskription eines schon geschriebenen textes. als referenztext fungiere hierbei der ideologische text des abendlandes (seiner philosophie, seiner religion, seiner wissenschaft, seiner künstlerischen konzeption). die in der *saison en enfer* eingeschriebene homosexualität sei nichts anderes als die unbewußte homosexualität, die in der gesellschaft des vaters, genauer: im phallozentrismus wirksam sei. jene frauen, aus denen er sich „liebe gefährtinnen" hätte bereiten können, verweisen deutlich auf den anti-familialen und

anti-ehelichen standpunkt rimbauds. „wie wäre *eine zeit in der hölle* zu trennen von der denunziation der familien europas, vom aufruf zu bislang viel zu gemächlich eintretenden zerstörungen, von der bewunderung für den sträfling, vom gewaltigen überschreiten der schwellen der geschichte, von dieser ungeheuerlichen wanderung, dem zur-frau-werden, dem zum-skandinavier-und-mongolen-werden, ‚den wanderungen der völker und kontinente', dem gefühl bloßer intensität, das delirium und halluzination leitet, und, nicht zu vergessen, diesem entschlossenen, beharrlichen, materiellen willen, ‚von minderwertiger rasse, von aller ewigkeit her' zu sein: ‚ich habe alle söhne aus guter familie kennengelernt... ich habe niemals zu diesem volke gehört; ich bin niemals ein christ gewesen... ja, meine augen sind eurem lichte verschlossen. ich bin ein tier, ein neger.'" [47] baudry nennt die *saison* einen subjektlosen text. text, der mit einem anderen text ‚kommuniziert'. an die stelle des autobiographischen der ersten gedichte tritt die „autographie". die funktion der ideologischen konzeption der künstlerischen ‚schöpfung' nach dem modell der göttlichen schöpfung (wie sie u. a. henry miller vertritt) bestehe darin, sich der annullierung des sprechenden subjekts entgegenzustellen, annullierung, die die skripturale praktik effektiv mache: „ich habe alle feste geschaffen, alle triumphe, alle dramen. ich habe versucht neue blumen, neue sterne, menschen aus neuem fleisch, neue sprachen zu erfinden. ich habe geglaubt übernatürliche kräfte erwerben zu können. nun gut! ich soll meine einbildungskraft und meine erinnerungen begraben! schöner ruhm eines künstlers und erzählers hinweg geweht!/ ich! ich, der ich mich magier oder engel genannt, mich von jeder moral losgesagt habe, ich bin der erde wiedergegeben, um mir eine pflicht zu suchen und die runzelige wirklichkeit zu umarmen! bauer!" *(adieu)* ganz offensichtlich wird die auslöschung des metaphysischen wie psychologischen subjekts in den *illuminations:* „die gleiche bürgerliche magie aller orten, wo immer uns die post absetzt! der simpelste physikschüler fühlt, daß es nicht mehr möglich ist, sich diese persönliche atmosphäre gefallen zu lassen, nebeldunst von körperlichen gewissensbissen, die festzustellen allein schon eine pein ist" *(soir historique).* „der subjekt gewordene text ist also imstande,

sich zu kreuzen, sich ‚einzustülpen', sich durch eine reproduktion zu produzieren, imstande, die absolute neuerung einer alten strecke zu sein: ‚in einem speicher, in dem ich mit zwölf jahren eingesperrt war, habe ich die welt kennen gelernt, habe ich die menschliche komödie verbildlicht. in einem keller habe ich die geschichte gelernt. bei irgend einem nächtlichen fest, in einer stadt des nordens, habe ich alle frauen der alten maler getroffen. in einer alten passage in paris hat man mir die klassischen wissenschaften beigebracht. in einer prächtigen wohnung, eingekreist vom ganzen orient, habe ich mein gewaltiges werk vollendet und meine erhabene zurückgezogenheit verbracht. ich habe mein blut in gärung versetzt. meine pflicht ist mir erlassen. ich darf gar nicht mehr daran denken. *ich bin wirklich jenseits des grabes,* und keine aufträge!' (*[vies]* unsere hervorhebung)." [48]
die poetische sprache – der begriff umfaßt jeden ‚literarischen' text – steht im gegensatz zur wissenschaftlichen sprache (nicht etwa zur alltagssprache). „es zeigt sich eine divergenz: nämlich die unvereinbarkeit zwischen der wissenschaftlichen logik, die die gesellschaft ausgearbeitet hat, um sich selbst zu erklären (um ihre stabilität wie ihre brüche zu rechtfertigen), und andererseits der logik einer marginalen sprache, eines subversiven, mehr oder weniger aus dem gesellschaftlich nützlichen ausgeschlossenen diskurses." [49] baudry zufolge ist die poetische sprache angewandte wissenschaft: „die durch die *illuminations* eingeleitete skripturale praxis wirkt also an der ausarbeitung einer *neuen textuellen wissenschaft* mit, die zu einem endkampf mit der logozentrischen wissenschaft gezwungen ist, die sich – da sie sie nicht zurückgewinnen (récupérer) kann –, *ganz gleich, um welchen preis,* von ihren produkten zu befreien sucht: ‚zu verkaufen die mathematischen anwendungen und die unerhörten harmonischen sprünge. die nicht geahnten funde und ausdrucksweisen, – als unmittelbarer besitz' *(solde).*" [50] „...bedeutungen *sind* nicht, sie *machen* sich, und die poetische sprache bietet ihre unendlichkeit auf, um den verschleiß der sprache durch neue verkettungen zu ersetzen – durch graphische krämpfe, die den menschen, sein weltbild und seinen platz in dieser welt infrage stellen." [51] das buch ändern hieße das leben ändern, „so daß *die zeichen*

zu ändern (und nicht nur, was sie sagen) bedeutet, eine neue aufteilung der natur vorzunehmen (...), und diese aufteilung nicht auf natürlichen gesetzen zu begründen, sondern auf die freiheit der menschen, die dinge etwas bedeuten zu lassen" [52]. weit davon entfernt, ein „willkürliches spiel" [53] (bataille) zu sein, bietet die poetische sprache nicht allein der bedeutung (dem standpunkt des objekts), sondern auch dem sinn (dem standpunkt des aussagenden subjekts) die stirn [54]. sofern sie aggressivität, verneinung, negativität impliziert das äquivalent des zerstörungstriebes, transformiert eine solche signifizierende praktik die beziehung des subjekts zur symbolischen, thetischen instanz [55]; familie, soziale gruppe, staatliche und kirchliche macht werden in ihrem prinzip in frage gestellt.
rimbaud affirmiert die von bataille als kindliche freiheit belächelte ‚kleinere' oder mindere ‚haltung' auf eine weise, die nicht mit dichterischer omnipotenz zu verwechseln ist: „ich habe niemals zu diesem volke gehört... ich bin ein tier, ein neger" *(mauvais sang).* die von bataille gesehene ohnmacht der ‚poesie' gegenüber der etablierten ordnung, diese „machtlose freiheit" des dichters erscheint nur dem als ohnmacht, der dem schreibenden den wunsch nach macht unterstellt und der nicht sieht, daß die macht selber wunsch ist. schreiben heißt wünschen und begehren, und die ‚ethische' funktion des geschriebenen bestünde darin, in die sprache eindringen zu lassen, was der monologismus (vom rhythmus zum sinn) verdrängt [56]. die ‚poesie' scheitert in dem moment, wo sie die stelle der „etablierten ordnung" einzunehmen versucht: „quer durch themen, ideologien, soziale bedeutungen läßt der künstler in die symbolische ordnung einen asozialen trieb eindringen, der noch nicht vom thetischen ergriffen worden ist. daß diese praktik sich ihrerseits auf das produzierte objekt stützt und, bestreiterin eines jeden stillstehens, sich selbst zum substitut des anfangs bestrittenen thetischen aufwirft, das gibt anlaß zu einem ästhetischen fetischismus und narzißmus, der die theologie aussticht" [57].

lautréamonts sprung vom universum des ‚ich' *(chants de maldoror)* ins

soziale universum *(poésies)*, der übergang von lautréamont (negativität) zu isidore ducasse (positivität) – dann der vorzeitige tod, als einzelner.
der riß, der die *illuminations* von *une saison en enfer* trennt. das verfehlte oder unmögliche zusammentreffen von signifizierender praktik und geschichte[58] – andré breton ließ diese einsicht, was rimbaud betrifft, unausgesprochen. der abrupte übergang von der verneinung eines jeden gesetzes zur identifikation mit dem gesetz und seiner bejahung... kennzeichnet nicht bloß rimbauds existenz. gleich rimbaud erinnerte sich der artaud der jahre 1937–1945 nur mit entsetzen seiner – atheistischen – werke, wie der sterbende rimbaud konvertierte er... um wieder dem glauben abzuschwören. um welchen preis? die geschichte der *suicidés de la société*, die artaud in ihrer aller namen entwarf, hält für diese frage als antwort nur selbstmord oder wahnsinn bereit. religion, einheit des subjekts (identität) und diskursivität der schrift scheinen untrennbar voneinander zu sein.»
september 1978

anmerkungen

1 cf. maurice nadeau, *histoire du surréalisme*, paris 1945 (*geschichte des surrealismus*, reinbek 1965, p. 121 f.).
2 louis aragon, *traité du style*, paris 1928, zitiert nach m. nadeau, op. cit., p. 128.
3 laure, *fragment d'une lettre non envoyée*, oktober 1937, in: *écrits*, paris 1977, p. 123 (*fragment eines nicht abgeschickten briefes*, in: *gesammelte schriften*, münchen 1979).
4 patti smith, *devotions to arthur rimbaud...*, in: *s!a!u!*, 1, 1978, p. 13.
5 p. smith, *sex! drugs! electricity!*, interview mit walter hartmann, in: *sounds*, 1977, p. 30.
6 cf. antonin artaud, *lettre à madame toulouse*, marseille, ende juli 1921, in *œuvres complètes*, tome I**, paris 1976, p. 84.
7 cf. jacques prevel, *en compagnie d'antonin artaud*, paris 1974, p. 92.
8 a. artaud, *rimbaud & les modernes* (1923), in: *œuvres complètes*, tome I*, paris 1976, p. 238.
9 andré breton, *les chants de maldoror*, in: *les pas perdus* (1924), paris 1974, p. 69 (meine hervorhebungen).
10 a. breton, *réponse à une enquête*, in: *les pas perdus*, op. cit., p. 115.
11 a. breton, *second manifeste du surréalisme* (1930), in: *manifestes du surréalisme*, paris 1962 (*die manifeste des surrealismus*, reinbek 1977, p. 89).
12 a. breton, *second manifeste du surréalisme*, op. cit., p. 90.
13 a. breton, *second manifeste du surréalisme*, op. cit., p. 91.
14 a. breton, *second manifeste du surréalisme*, op. cit., p. 57.
15 henry miller, *the time of the assasins. a study of arthur rimbaud*, new york 1956 (*vom großen aufstand*, reinbek 1976, p. 75).
16 jean-paul sartre, *baudelaire*, paris 1947 (*baudelaire. ein essay*, reinbek 1978, p. 97 f.).
17 albert camus, *l'homme revolté*, paris 1951 (*der mensch in der revolte*, reinbek 1969. p. 74).
18 h. miller, op. cit., p. 72.
19 a. camus, op. cit., p. 74 (meine hervorhebungen).
20 georges bataille, *l'expérience intérieure: digression sur la poésie et marcel proust*, in: *œuvres complètes*, tome V, paris 1973, p. 171.
21 g. bataille, *baudelaire*, in: *la littérature et le mal* (1957), paris 1975, p. 41.
22 maurice blanchot, *l'éspace littéraire* (1955), paris 1973, p. 54.

23 cf. julia kristeva, *la révolution du langage poétique,* paris 1974, p. 514.

24 h. miller, op. cit., p. 14, 38, 76.

25 a. artaud, *lettre à madame dequeker,* espalion, 22. 3. 1946, in: *œuvres complètes,* tome XI, paris 1974, p. 208.

26 a. artaud, *lettre à andré breton,* paris, 2. 6. 1946, in: *œuvres complètes,* tome XIV*, paris 1978, p. 134.

27 jean-louis baudry, *le texte de rimbaud,* in: *tel quel,* 36, 1969, p. 39 f. zur affirmation der notwendigkeit einer „textuellen befreiung" der frau, vgl. rimbauds *lettre de voyant.*

28 a. breton, *position politique de l'art d'aujourd'hui,* in: *position politique du surréalisme,* paris 1935; 1971 (*der politische standort der heutigen kunst,* in: [hrsg. g. metken], *als die surrealisten noch recht hatten,* stuttgart 1976, p. 171).

29 cf. a. breton, *flagrant délit* (1949), in: *la clé des champs,* paris 1953; 1967, p. 164, 195. um z. b. die ironisierenden/distanzierenden anführungszeichen zu bemerken, die den text *démocratie* einschließen, bedarf es keiner lupe. –

30 cf. a. breton, *le surréalisme et la tradition,* in: *perspective cavalière,* paris 1970, p. 128.

31 jacques rivière, *rimbaud,* paris 1930 (*rimbaud,* münchen 1979, p. 119 [meine hervorhebungen]).

32 j. rivière, op. cit., p. 110 (meine hervorhebungen).

33 cf. philippe sollers, *écriture et révolution,* in: *théorie d'ensemble,* paris 1968, p. 70.

34 cf. ph. sollers, *niveaux sémantiques d'une texte moderne,* in: *théorie d'ensemble,* op. cit., p. 320.

35 cf. roland barthes, *drame, poème, roman,* in: *théorie d'ensemble,* op. cit., p. 35 f. signifikant (akustisches bild) und signifikat (vorstellung, gedanke, idee, moral, botschaft etc.) bilden seit saussure die totalität des zeichens.

36 cf. j. kristeva, *problèmes de la structuration du texte,* in: *théorie d'ensemble,* op. cit., p. 299 f.

37 j. kristeva, *problèmes de la structuration du texte,* op. cit., p. 309.

38 j.-l. baudry, op. cit., p. 46.

39 cf. j.-l. baudry, op. cit., p. 45.

40 j.-l. baudry, op. cit., p. 48 f.

41 a. artaud, *lettre contre la cabbale* (ivry, 4. 6. 1947), paris 1949, n. p. (*brief gegen die kabbala,* in: *briefe aus rodez. postsurrealistische schriften,* münchen 1979).

42 j. kristeva, *pour une sémiologie des paragrammes*, in: *semeiotiké. recherches pour une sémanalyse*, paris 1969 (*zu einer semiologie der paragramme*, in: [hrsg. h. gallas], *strukturalismus als interpretatives verfahren*, darmstadt und neuwied 1972, p. 173 f.).

43 j.-l. baudry, op. cit., p. 49 f.

44 j. rivière, op. cit., p. 134.

45 j. rivière, op. cit., p. 142.

46 j.-l. baudry, op. cit., p. 43.

47 gilles deleuze/félix guattari, *l'anti-œdipe*, paris 1972 (*anti-ödipus*, frankfurt 1974, p. 110 f.).

48 j.-l. baudry, op. cit., p. 48.

49 j. kristeva, *pour une sémiologie des paragrammes*, op. cit., p. 165 f.

50 j.-l. baudry, op. cit., p. 52.

51 j. kristeva, *pour une sémiologie des paragrammes*, op. cit., p. 197.

52 r. barthes, *literatur und bedeutung*, in: *literatur oder geschichte*, frankfurt 1969, p. 104.

53 cf. anm. 21.

54 cf. kristeva, *la révolution du langage poétique*, op. cit., p. 58.

55 kristeva unterscheidet zwischen semiotischen und symbolischen (thetischen) prozessen bzw. ‚kräften': das semiotische, von den müttern repräsentiert, betrifft die triebökonomie des subjekts; das symbolische, durch die männer repräsentiert, betrifft die integration des subjekts in seine soziale gruppe und deren gesetze; das symbolische (und die sprache) ist thetisch.

56 cf. kristeva, *politique de la littérature*, in: *polylogue*, paris 1977, p. 18.

57 j. kristeva, *la révolution du langage poétique*, op. cit., p. 69 f.

58 cf. j. kristeva, *la révolution du langage poétique*, op. cit., p. 372.